ANTOLOGÍA DE RÓMULO DURÓN

HONDURAS LITERARIA POESÍA

TOMO I: 1850—1880

ERANDIQUE
COLECCIÓN

HONDURAS LITERARIA POESÍA TOMO I: 1850—1880
ANTOLOGÍA DE RÓMULO DURÓN

©Colección Erandique
Supervisión Editorial: Óscar Flores López
Diseño de portada: Andrea Rodríguez
Administración: Tesla Rodas
Director Ejecutivo: José Azcona Bocock
Primera Edición
Tegucigalpa, Honduras—Marzo 2025

CONTENIDO

GRACIAS, DON RÓMULO

Aquí están los inicios de Honduras en la poesía. Una vez lograda la Independencia, comienzan a ser publicados los primeros versos. Dispersos en el tiempo y en libros y en revistas, don Rómulo E. Durón los recopiló y los publicó en tres libros. Este es el primero.

Honduras Literaria Poesía, Tomo I, inicia con el padre José Trinidad Reyes y concluye con uno de los grandes vates trágicos: Manuel Molina Vijil.

Molina Vijil tenía apenas treinta años cuando decidió poner fin a su vida de un disparo. Ese 9 de marzo de 1883, abrió la puerta oscura del suicidio por la que posteriormente caminarían otros poetas como Julio César Fortín, Félix A. Tejeda, Julio Torres Colindres y José Antonio Domínguez (incluidos curiosamente por Rómulo E. Durón en el Tomo III de Honduras Literaria Poesía).

A la vista de los críticos y lectores de hoy, los versos parecerán anticuados, pasados de moda, aburridos. Recordemos que fueron escritos en la fase final del Romanticismo y que algunos de los autores, como el propio Molina Vijil, no alcanzarían a ver la hecatombe literaria provocada por Rubén Darío, el padre del Modernismo.

A pesar de eso, el recorrido por el que nos lleva Rómulo E. Durón es hermoso, pues nos permite descubrir —o reencontrarnos— con poesía fina.

Pocos personajes se dedicaron con tanta pasión y desinterés a rescatar la historia de Honduras como don Rómulo E. Durón. El país está en deuda con él… Esa labor lo llevó a dar a conocer la producción en prosa y versos de muchos hondureños. Los tres tomos de Honduras Literaria (poesía) que publicaremos son una muestra de ello.

Hombre de una vasta cultura, hurgó archivos, compró libros y revistas, recopiló y juntó la cosecha en antologías que, a ochenta y tres años de su fallecimiento, aún perduran.

Los lectores podrán disfrutar en esta edición la poesía de: José Trinidad Reyes, Carlos Gutiérrez, Justo Pérez, Jeremías Cisneros, Joaquín Díaz, Juan Ramón Reyes, Ramón Rosa, Guadalupe Gallardo y Manuel Molina Vijil.

El período abarca treinta años, de 1850 a 1880.

Los tres tomos de Honduras Literaria Poesía se suman a la larga lista de obras publicadas por don Rómulo: La campana del reloj (cuento); Honduras Literaria en prosa, con escritos de José Cecilio del Valle, Francisco Morazán, Dionisio de Herrera, Ramón Rosa, Marco Aurelio Soto, Álvaro Contreras, entre muchos otros; La provincia de Tegucigalpa bajo el gobierno de Mallol; las biografías del presbítero Francisco Antonio Márquez, de Juan Lindo, de Justo Milla, de Marco Aurelio Soto y de José Cecilio del Valle; y Gobernantes de Honduras. También dedicó gran parte de su vida a rescatar las pastorelas del padre José Trinidad Reyes.

Su herencia continuó en su hijo, Jorge Fidel, y en sus nietos, donde destacan el crítico de cine Mauricio y el arquitecto Luciano, a quienes Colección Erandique agradece por la generosidad de facilitarnos la obra de su ilustre abuelo y por las veladas en el antiguo jardín familiar, acompañados de vino y café.

Las tres portadas han sido diseñadas con obras del recordado Maestro de la pintura, Aníbal Cruz.

Agradecemos al personal de Colección Hondureña de la Biblioteca Nacional "Juan Ramón Molina", y a su director, el poeta Armando Maldonado, por facilitarnos el primer tomo.

Pero que sea el abogado Jorge Fidel Durón, hijo de don Rómulo, quien nos cuente el resto de la historia en la presentación que sigue a continuación.

Óscar Flores López/Editor Colección Erandique

PRESENTACIÓN

Todavía está ahí, esperando la acción del acucioso investigador y estudioso, la tarea de escribir la historia de la literatura hondureña. De haber tenido el día más de veinticuatro horas, Rómulo E. Durón la habría escrito. De todos es conocido que, ambidextro, cuando la diestra se fatigaba, ahí estaba la izquierda completando con sus rasgos finos y perfectamente legibles la idea, el pensamiento, el dato precioso. Su admirable trabajo sobre los oradores sagrados, políticos y parlamentarios de Honduras, muy poco divulgado, su valiosa información sobre la historia de la iglesia hondureña, desgraciadamente incompleto, y las treinta y más obras jurídicas, históricas o literarias, publicadas e inéditas, dan un concepto de lo que él pudo hacer de haberse dedicado exclusivamente a la tarea de escribir. Pero, ahí estaba la vida enfrente y estaba la necesidad imponente de sobrevivir.

Y por ello, iniciando su labor desde el año de 1887, terminándola pocos días antes de su muerte, 13 de agosto de 1942 para ser precisos, quedan apenas los libros que se consignan en la contracarátula inferior primera, las hojas dispersas que no vieron la publicidad, sus inagotables artículos de divulgación literaria, histórica o jurídica en las páginas de la prensa hondureña y del exterior.

La Secretaría de Educación Pública, que comenzó reproduciendo su valioso "Bosquejo Histórico de Honduras", seguido del primer tomo de la "Historia de Honduras", emprende ahora una obra que debió haberse hecho desde hace muchos años. Porque, para la cultura de los pueblos es esencial el conocimiento de sus grandes hombres, la divulgación de sus ingenios, la propagación de sus escritos perdurables. Y la "Honduras Literaria" del Doctor Durón, más apreciada y difundida en el exterior que en el propio país, se había convertido en los últimos años en lo que los bibliófilos denominan un collector's item y alcanzaba precios fabulosos en el mercado de los libros, cuando era preciso e indispensable que esta obra estuviera en la mesa de todos los que escriben, en manos de todos los que leen, del jurisconsulto y del estudiante, del poeta y del prosista, para asistir con su lectura al desenvolvimiento literario de Honduras.

La visión del autor al escribirla fue demostrar el innegable reclamo que tiene nuestro país a parangonarse con orgullo con otras tierras quizá más afortunadas. Bastaría, en mi concepto, con los escritos de José Cecilio del Valle, el Sabio por antonomasia, para darle brillo a la colección en prosa. Creo que bastaría con los versos de Juan Ramón Molina para enaltecer la colección poética. No obstante, a nombres tan ilustres se agregan en el tomo de prosa, los de Dionisio de Herrera, padre de la Patria y gran hondureño que en nuestros días federales fue Jefe de Estado de tres países hermanos; el de Francisco Morazán, más conocido como héroe y como guerrero invicto; el de Juan Lindo, político y estadista; los de Francisco Ferrera y José María Cacho, hombres adelantados a su tiempo; el de José Trinidad Reyes, el inmortal autor de las "Pastorelas"; los de Máximo Soto y León Alvarado, humanista el primero, visionario el segundo; el de Francisco Cruz, autor de nuestra primera Flora; el de Carlos Gutiérrez, nuestro primer novelista; el de Álvaro Contreras, el orador que avasallaba; los de Crescencio Gómez y Valentín Durón, legisladores y educadores; el de Adolfo Zúñiga, orador y político; el de Céleo Arias, el autor de "Mis Ideas"; el de Marco Aurelio Soto, el reformador y el de Ramón Rosa, su insigne lugarteniente; el de Rafael Alvarado Manzano y el de Jerónimo Zelaya, ambos jurisconsultos e internacionalistas; los de Carlos Madrid y Jeremías Cisneros, trabajadores ilustres; los de José Esteban Lazo y Liberato Moncada, investigadores e intelectuales; el de Policarpo Bonilla, cuyo nombre llena una época de nuestra historia política; el de Carlos Alberto Uclés, poeta y erudito; el de José Antonio López, uno de nuestros primeros ensayistas; los de Ángel Ugarte y Constantino Fiallos, ambos científicos; los de Trinidad Ferrari y Alberto Membreño, escritores castizos, animadores del idioma; los de Ramón Reyes y Eduardo Martínez López, esteta el primero e historiador el segundo.

Este tomo, que contiene los poetas, se inicia con José Trinidad Reyes, el vate bucólico que cantó las cosas sencillas y, como Campoamor, "picó en el corazón"; siguen Carlos Gutiérrez, Justo Pérez, Teodoro Aguiluz, Francisco Vaquero, Jeremías Cisneros, Joaquín Díaz, Juan Ramón Reyes, Ramón Rosa, Guadalupe Gallardo, Manuel Molina Vijil, Josefa Carrasco, Carlos Alberto Uclés, Gonzalo Guardiola, José Santos del Valle, Carlos F. Gutiérrez, Adún Cuevas, Lucila Estrada de Pérez, Miguel Rico Guardiola, Ramón Reyes, Miguel Ángel Fortín, Rómulo E. Durón, Juan María Cuéllar, José Antonio Domínguez, Jesús Torres Colindres, Julio César Fortín, Valentín Durón, Félix A. Tejeda, Juan Ramón Valladares, Carlos Cáceres Bustillo, Doroteo Fonseca, Juan Ramón Molina, Froylán

Turcios y Jerónimo J. Reina. Desafortunadamente, de esta lista representativa, fueron muy pocos aquellos que lograron que su nombre traspasara las fronteras en alas de la fama.

Era en los tiempos en que las comunicaciones estaban bastante atrasadas y era muy difícil viajar, transplantarse, cosas que son esenciales para los cultivadores de las Musas. José Antonio Domínguez descuella después de Reyes como el poeta filósofo y su Himno a la Materia es considerado como su mejor poema. Ya hablé de Molina, el de los Cielos, Mares y Tierras y quien dejara acabadas composiciones demostrativas de su admirable estro poético. Froylán Turcios fue el representativo más brillante del buen gusto literario en el país y su poesía romántica y sus cuentos, así como sus publicaciones antológicas, le imprimieron un ritmo de decisivo progreso a nuestras letras.

Pero, la obra quedó trunca. Hace muchos años intenté hacer la Nueva Antología Hondureña, de la que se publicó una parte, siguiendo Jesús Castro Blanco con su notable Antología de Poetas Hondureños, desde 1869 a 1910, y Vicente Alemán (Claudio Barrera), con lo mejor de la producción de los poetas de su generación. Fuera de éstos, sólo Rafael Heliodoro Valle, con su paciente y benedictina labor, ha intentado reconstruir la historia de nuestra literatura, y uno que otro estudioso, como Miguel Navarro y otros diligentes autores de obras de texto, han consignado trozos de lo mejor que en verso o en prosa han dejado de obra nuestros intelectuales, pero no en forma sistemática o científica.

De ahí que cobre tanta importancia la obra del Dr. Durón, una de tantas de su inagotable cosecha; y yo tengo la secreta esperanza de que, cuando estas ediciones caigan popularmente en manos de los representativos de las nuevas generaciones literarias del país, no ha de faltar alguien que, imitando su ejemplo, como dice Medardo Mejía, culmine y complete la obra con las aportaciones escogidas de nuestros hombres de pensamiento, con lo cual se habrá cumplido con el objetivo primordial que busca nuestra Secretaría de Educación y se le habrá hecho un señalado favor a la Patria.

JORGE FIDEL DURÓN

Septiembre de 1956.

A MANERA DE INTRODUCCIÓN

Cuando la Secretaría de Educación Pública de Honduras escogió los títulos de sus colecciones para estas interesantes Bibliotecas y tuvo en mente a Ramón Rosa para los temas pedagógicos y educativos, a Rómulo E. Durón para los históricos y a José Cecilio del Valle para los científicos, seleccionó también el nombre de Juan Ramón Molina para los tópicos de carácter literario en un afán de contribuir a desbaratar de una vez para siempre el arraigado concepto del medio hostil abrumador presionando contra el hombre intelectual.

Si bien es cierto hay algunos trabajos meritorios sobre la personalidad de Juan Ramón Molina, como lo evidencia la bibliografía que hace algunos años escribiera Rafael Heliodoro Valle, ninguno, que yo sepa, aborda con suficiente autoridad y hondura los posibles efectos que en su dinámica y explosiva personalidad pudieron ejercer el medio y la circunstancia que lo rodeaban. Y a pesar de los que encuentran un contendor todopoderoso del poeta de "El Águila" en su contemporáneo José Antonio Domínguez y quizá mayores raíces telúricas en el aedo olanchano Alfonso Guillén Zelaya, en mi opinión no se han esgrimido todavía los argumentos definitivos capaces de derribar a Molina de su altura olímpica en nuestra lírica.

En los anales del raquítico y desconcertante desenvolvimiento literario hondureño brillará Molina como un fanal, pues su poesía vino a ser como un despertar o un desperezo que, apartándose definitivamente del romanticismo clásico, vino a abrir nuevos surcos cuando Darío en Nicaragua y Gavidia en El Salvador anunciaban las nuevas normas del modernismo. Y aunque no ha faltado quien ha creído encontrar en Molina influencias extrañas, para el que lea, analice y estudie a fondo, con detenimiento y sin pasión, los giros de su poesía, no hallará tales rastros, sino, como dice el mexicano Enrique González Martínez, encontrará más bien resonancias espirituales, pues no debe olvidarse que cuando los otros poetas centroamericanos llegaron a su apogeo, ya el hondureño había muerto.

No es posible llegar a esta conclusión sin hacer conjeturas y especulaciones sobre lo que hubiera podido ocurrir de no haber la bohemia aniquilado su robusto tronco apenas a los treinta y tres años en la capital salvadoreña. Si Molina fue a Guatemala fue,

15

precisamente, en busca y en anhelo de despojarse de la influencia aniquiladora de los nepentes que abrumaron a Baudelaire y al "Pauvre Lelian". Fue allá donde escribió sus páginas en prosa ágil y vigorosa y de sus cartas de ese tiempo se desprende que fue allá en Quezaltenango donde, con benedictina y paciente fuerza de voluntad, asimiló los fundamentos básicos de su ya vasta cultura, con la lectura de los clásicos y el cercano conocimiento de los modernos, todo lo que más tarde suplementó y completó con los viajes.

Molina cultivó con maestría el cuento; se destacó en el ensayo, como lo demuestra su profundo y exhaustivo prólogo a la novela "Annabel Lee" de Froylán Turcios; como escritor, descolló en artículos, algunos de los cuales desafortunadamente tuvieron la vida efímera de la prensa diaria. Pero opino que fue en la poesía en la que sus extraordinarias facultades se revelaron más plenamente, con atrevidas imágenes, con concepciones fantásticas, con hermosas figuras en donde volcó los inagotables recursos de su estro en poemas de belleza incomparable y de vida eterna, mientras alienten las Musas.

De ahí la explicación del título de esta colección que es un homenaje a su ínclita personalidad y que pretende servir a los innegables reclamos de Juan Ramón Molina a la inmortalidad.

JORGE FIDEL DURÓN

Octubre de 1956.

JOSÉ TRINIDAD REYES

La época en que floreció el Padre Reyes fue la misma en que dieron brillo a las letras centroamericanas los salvadoreños Miguel Álvarez Castro, Ignacio Gómez y Francisco Díaz, y los guatemaltecos Antonio José de Irisarri, José Batres Montúfar y Juan Diéguez.

Dejó el Padre Reyes poesías patrióticas y religiosas, villancicos y elegías que, en su mayor parte, se han perdido ya. No fueron publicadas; fueron confiadas a la memoria de sus contemporáneos, y si alguno de éstos queda, no guarda recuerdo fiel y completo de ellas.

Más afortunadas fueron sus letrillas satíricas, que tomaron el nombre de Cuanidos, porque esta palabra era su estribillo. Probablemente, por la agudeza y la gracia chispeante de estas composiciones, se sacaron de ellas muchas copias, y así han podido conservarse algunas.

Pero lo que más se conserva del Padre Reyes, aunque estropeadas horriblemente por los malos copistas, son las Pastorelas. Fueron ocho las que escribió: Ester, Neptalia, Zelfa, Rubenia, Micol, Elisa, Albano y Olimpia[1]. También escribió Las Posadas de José y María y la Adoración de los Reyes, obras de idéntico carácter al de las Pastorelas. En esta clase de composiciones ponía en escena el Padre

---

[1] El inserto en este libro de la Pastorela de Olimpia es de los más ricos en poesía y en colorido que escribió el Padre Reyes; pero concluye con la traducción del Magníficat que hizo José Heriberto García de Quevedo en la continuación de María, poema de Zorrilla. Cuéntase que, interrogado sobre esto el Padre Reyes, dijo modestamente: "La pastorela debía estar concluida pronto, porque se había fijado ya la fecha de su representación; y por otra parte, esa versión del cántico de la Virgen es muy hermosa, y no la habría hecho yo mejor". Este elogio debe ser grato a todos los admiradores del justamente célebre García de Quevedo.

Reyes los personajes de la sociedad de su tiempo con sus cualidades y defectos, y por este medio ejerció un poderosísimo y saludable influjo en la sociedad hondureña.

Aunque las obras citadas ponen de manifiesto las grandes aptitudes del Padre Reyes para la poesía, no es posible conceptuarlas como la total expresión de su genio. Falta, entre lo que escribió, una composición en la que, olvidando su carácter sacerdotal, hubiera puesto su alma entera: una composición que diese a conocer toda la intensidad de sus afecciones, todo el fuego de su corazón y todo el brío de su fantasía potente.

Uno de los contemporáneos del Padre Reyes, el eminente escritor salvadoreño don Enrique Hoyos, lo juzgó en estos términos:

"El Doctor Reyes era sin disputa una de las notables ilustraciones de Honduras. Teólogo consumado, orador elocuente, poeta y músico, reunía a estas eminentes cualidades una conducta intachable, una caridad acendrada y una humildad tanto más digna de alabanza cuanto más elevado era el carácter moral de aquel virtuoso sacerdote.

Versado en la Escritura Sagrada, en los libros de los Santos Padres, en la historia de la Iglesia y en la de los Concilios, su saber en las ciencias eclesiásticas era grande, y esto contribuía sin duda a la facilidad con que predicaba, a la abundancia de doctrina que se notaba en sus oraciones y a la fluidez de su estilo que era llano, es verdad, pero claro y nervioso.

Los clásicos antiguos le eran familiares, y sus conocimientos en la bella literatura francesa y española revelaban largos y fructuosos estudios sobre humanidades. Versificaba con admirable facilidad y con pureza. El carácter dominante de sus composiciones era el jocoso, y se dedicaba mucho al género pastoril. Vivirán mucho tiempo en la memoria de los tegucigalpas las animadas pastorelas del Doctor Reyes, y aquellos picantes y salerosos villancicos en que, proporcionando diversiones, entre el agradable concierto de una música armoniosa (regularmente de su propia composición), solía mojar su pluma en el satírico tintero de Juvenal para corregir las costumbres poniendo en ridículo los vicios morales y sociales al son del tamboril y del rabel."

A LA INDEPENDENCIA

¡Libertad, Libertad! ¡Don del cielo!
Tú por siempre de Honduras serás
La deidad que venera y adora
Ofreciendo el incienso en tu altar.

¡Qué de males, ¡oh América! te hizo
El osado Colón al hallarte!
¡Oh! si al cielo pluguiere a otra parte
Su funesto bajel conducir.
Él te puso a los pies de Fernando
Y te dio por esclava a la Hesperia,
A esa España que en triste miseria
Con sonrisa te ha visto gemir.

Tus feraces terrenos se apropia,
Y sus hijos, de tu oro sedientos,
A ti corren cual buitres hambrientos
Que un Océano atajar no bastó.
Infeliz Moctezuma, tú viste
A tus playas llegar esa gente,
Y la víctima fuiste inocente
Que el avaro español degolló.

Un idioma, es verdad, que te ha dado,
Muy hermoso, fecundo y sonoro:
Mas a precio más caro que el oro
Y que de otro precioso metal.

Libertad esa lengua te cuesta,
Libertad es el precio que has dado,
Libertad, ese don tan amado
Aun del bruto y del fiero animal.

Ignorancia te dio en patrimonio
De las ciencias la entrada vedando:
A tus hijos, ¡ah cruel!, condenando
Del trabajo servil al rigor.

Inventó distinciones de razas
Que apodó con odiosos renombres,
Y trató como a bestias los hombres
Que no traían de Europa el color.

Mas por fin, dulce Patria, te vino
El instante de dicha y ventura:
El Eterno miró tu amargura
Y escuchó tu clamor con piedad.
De la déspota España rompiste
Aquel yugo que cruel te oprimía,
Y rayó para ti claro día
En que el pueblo gritó ¡LIBERTAD!

El infante sus labios ensaya
Pronunciando este acento sagrado:
Y el anciano, al sepulcro encorvado,
Repitiéndolo quiere morir.
Si alguien quiere en tirano erigirse
Y del pueblo usurparse el derecho,
Un puñal vengador en su pecho
De su audacia lo hará desistir.

Hondureños, en mármol y bronce
De aquel día grabad la memoria,
Y cantares de loor y de gloria
En anual regocijo entonad.
Que no olviden jamás vuestros hijos
Cómo fue de sus padres la suerte,
Y tendrán por más dulce la muerte
Que una vida en que no hay LIBERTAD.

Septiembre 29 de 1850.

HONDURAS

A los señores Generales Don Gerardo Barrios,
Don Trinidad Cabañas y a todos los soldados,
oficiales y jefes de El Salvador y Honduras[2]

Guerra y muerte era el eco espantoso
Que doquier resonaba en Honduras,
De la paz las divinas dulzuras
Se trocaron en llanto y dolor.
El anciano y la tierna doncella
Sus hogares dejaban huyendo,
Azorados del bélico estruendo,
Retratado en su rostro el pavor.

Era Honduras un mar agitado
En que opuestos los vientos chocaban,
Negras nubes su cielo velaban
Anunciando fatal tempestad.
¿Quién, ¡oh Dios!, conjurarla pudiera
Y volver la esperanza perdida?
¿Quién, ¡oh patria!, te diera la vida,
Quién bonanza y tranquilidad?

Vos, ¡oh BARRIOS!, sois vos quien volasteis
Al clamor de su voz moribunda,
Y CABAÑAS heroico os secunda,
Y la patria salvasteis los dos.
LINDO, lleno de tino y acierto,

---

[2] Los partidos políticos acostumbraban a celebrar con poesías los sucesos que favorecían sus intereses. El padre Reyes escribió esta composición a instancias de los amigos de don Juan Lindo, por el convenio de paz de Pespire, de que doy noticia en el tomo VI de esta Colección Juan Ramón Molina. Fue destinada a publicarse y se publicó en efecto como expresión de la opinión general; y así no puede ofrecer el sentimiento del poeta sino la interpretación del que dominaba en un círculo determinado. La estrofa cuarta revela que ese círculo fue injusto con el general Guardiola, pues no supo reconocer el mérito de la acción de éste al allanarse a celebrar la paz y a retirarse a El Salvador, cuando estaba en aptitud de continuar la guerra. No es éste un libro político, pero una rectificación siempre es oportuna.

Os invoca en tan triste zozobra,
Y vosotros probasteis con la obra
Que fue un paso inspirado por Dios.

Como león furibundo y sangriento
Al combate Guardiola se lanza,
Y anhelando destrozo y matanza
A buscar su ignominia corrió.
De los héroes la sola presencia
Dejó al punto su cólera helada,
Y sin honra su homicida espada
De su trémula mano cayó.

¡Oh valientes! Jamás hubo un triunfo
Más precioso y más lleno de gloria;
¿Quién habrá que al hacer de él memoria
No lo admire con gozo y solaz?
Triunfo nuevo, sin sangre ni muertos,
Triunfo alegre, sin luto y sin llanto,
Triunfo augusto que el vínculo santo
Ha estrechado de sólida paz.

Gratitud, gratitud, hondureños,
Gratitud a los héroes valientes
Que regresan ceñidas las frentes
De inmortales laureles, de honor.
Prometedles con fiel juramento
Conservar esta paz tan deseada,
Que jamás la verán alterada
Por vil odio ni fiero rencor.

Abril 16 de 1850

A J. TRINIDAD CABAÑAS

No es sin razón que el hondureño Estado
Parezca envanecido con la gloria
De ser tierra fecunda que ha brotado
Héroes muy dignos de eternal memoria;
Héroes que han de llenar y que han llenado
Páginas mil en la moderna Historia:
Más en esto su orgullo y gloria funda
Que en los ricos metales de que abunda.
Y no se ha de gloriar si de su seno
Vio salir al gigante de la ciencia,
Al hondureño Valle, todo lleno
De saber, de cordura y de prudencia;
Y a Morazán, de quien en luto pleno
La América Central llora la ausencia,
¿Sin que contarse pueda la caterva
Protegida del Marte y de Minerva?

Pero entre todo, su placer corona
El haber producido sus entrañas
Al héroe favorito de Belona,
Al inmortal e intrépido CABAÑAS,
De quien la fama por doquier pregona
Gran mérito, virtud, grandes hazañas,
Y todo cuanto puede dar a Honduras
Orgullo noble y aumentar venturas.

Si es bravo en el combate y denodado,
En la victoria se le admira humano;
Y si empuña la espada de un soldado,
Sangre inocente no vertió su mano;
Del militar valor es un dechado;
Sin ser nunca rapaz, nunca tirano,
La causa popular siempre defiende
Y a interés personal jamás atiende.

Si alguna vez la suerte caprichosa
El triunfo a su valor no ha concedido,

De cobarde derrota ignominiosa
Negra mancha su honor no ha deslucido;
Su frente no domada, siempre airosa,
Laurel de vencedor lleva, aun vencido;
¿No lo ha probado así la vez postrera
Peleando con las huestes de Carrera?

Publique, pues, sus loores el Estado
Do el invicto CABAÑAS vio su cuna;
Cántele El Salvador, pues ha logrado
De asilar a tal héroe la fortuna;
Nada hay en su alabanza exagerado,
Aquí no se halla adulación alguna;
Manos puras, valor y humanidad
Honran en alto grado a TRINIDAD.

SONETO EN LA MUERTE DE MACARIO LAVAQUI

Aquel joven amable en quien tenía
La Patria su esperanza bien fundada,
Y a quien por su alma grande y elevada
Minerva en sus afectos prefería;

Aquel mancebo en quien la llama ardía
De patrio amor y de amistad sagrada,
La vida pierde, apenas comenzada,
Cual flor que nace, y muere a medio día.

Ciérrese, pues, el templo de las artes;
Y el nombre de Macario, entre gemidos,
Óigase repetir por todas partes.

Y la amistad, deshecha en llanto tierno,
Votos haga por manes tan queridos
¡Que penetren al solio del Eterno!

INVITACIÓN PARA EL PASEO A LA LAGUNA

Al sexo amable y hermoso,
Y al público se convida
Al paseo,
En que será delicioso,
Lleno de espíritu y vida,
El recreo.

Cuanto de más lisonjero
Hay en la naturaleza,
Miraremos;
Un placer puro y entero
Que destierre la tristeza
Gozaremos.
Respiraréis, Ninfas bellas,
Si suspendéis las labores
Por un rato,
Bajo pabellón de estrellas,
El ambiente de las flores,
Que es tan grato.

Abre el teatro sus escenas,
A la faz plácida y viva
De la luna;
En sus márgenes amenas,
Nos verá en danza festiva,
La Laguna.

Os presentará la tierra,
En los paisajes más bellos,
Sus verdores,
Donde veréis la becerra
Paciendo y gozando, en ellos,
Sus amores.

Y, si entonan vuestras voces
Canciones tiernas, divinas
Y muy suaves,

Veréis acudir veloces,
A sentarse en las encinas,
A las aves.

Allí, libres estaremos
De la enfadosa y tirana
Etiqueta,
Y todos allí tendremos
Igualdad republicana,
Muy completa.

Allí no habrá señorías,
Y nadie osará llamarse
Su Excelencia;
Nadie, en nuestras alegrías,
Pretenderá disputarse
Preeminencia.
Tregua a los negros pesares
Y a los amargos cuidados
Justo es demos;
Y entre bailes y cantares,
Al placer sólo entregados,
Descansemos.

VERSOS PASTORILES

¡Oh bosque solitario,
Alegre en otro tiempo,
Do la bella Prisila
Condujo tantas veces sus corderos!

¡Cuántas veces oíste
De su voz el acento,
Y cuántas repetiste
Su graciosa expresión, en suaves ecos!

¡Cuántas veces sus plantas
Hollaron este suelo,

Y cuántas en los árboles,
Con sus manos grabó divinos versos!

¡Mas ¡ah! que ya descansa
En profundo silencio,
Y no la veréis más,
Tristes cipreses y elevados cedros!

VILLANCICO

Una tortolilla
Sencilla y sin par,
Que puso su nido
Cerca del Portal,
Viendo a medianoche
Mucha claridad,
Creyó que era el día
Y empezó a cantar.
Sola estoy, decía,
Mas mi soledad
Se divierte un poco
Cantando ¡jay! ¡jay! ¡jay!

Pero luego advierte
Que la claridad
No viene de Oriente,
Sino de un pajar,
Donde una Alba hermosa
Daba de mamar,
Asido a su pecho,
A un Sol celestial.

Sola estoy, decía,
Mas mi soledad
Se divierte un poco
Cantando ¡jay! ¡jay! ¡jay!

Deja los polluelos

Y al Portal se va,
Y junto al pesebre
Se sienta a cantar;
Hacia ella su mano
Extiende un zagal,
Y ella, mansa y tierna,
Se deja tocar.

Sola estoy, decía,
Mas mi soledad
Se divierte un poco
Cantando ¡jay! ¡jay! ¡jay!

CUANDO...

Buen tiempo de diversiones
Han tenido las mujeres,
Y por darse a los placeres
Dejan sus obligaciones.
En vez de sus devociones,
Y estar en el Templo orando,
Las hemos visto gritando
Y saltando entre las rocas:
Sin duda se han vuelto locas
Porque de otra suerte, ¿¡cuándo!?

Sus casas dejan cerradas
Y expuestas a los ladrones,
Mas estando en recreaciones
Aunque las dejen peladas.
Otras dejan a las criadas
La casa y tienda cuidando,
A los chiquillos llorando,
Y sin comer al marido:
Todas se han enloquecido
Porque de otra suerte, ¿¡cuándo!?
¡Esas niñas delicadas
Que no pueden ir a misa

Porque está tirando brisa,
Vedlas aquí, qué alentadas!
Duermen en las enramadas,
Mil molestias aguantando,
Sin andarse desmayando,
Echadas al vivo suelo;
¿Y por conseguir el Cielo
Harán tantas cosas?... ¿¡Cuándo!?

Todavía no llegaban
Los días de este recreo,
Y ya sólo del paseo
Era lo que conversaban.
Unas a otras preguntaban:
—Niña, ¿te estás preparando?
Ve que ya se va acercando
El paseo a La Laguna,
Ya está en creciente la luna;
Y yo no me quedo... ¿¡cuándo!?

Con las voces más sonoras
A grito en plena garganta
La libertad sacrosanta
Cantaban a todas horas.
Se acostaban a deshoras,
Los melindres olvidando,
En el sereno paseando
Sin que les dé la jaqueca;
Y el que no fuere babieca
¿Dirá que esto es bueno?... ¡¿Cuándo!?

Las viudas, las cotorronas
A La Laguna volaron,
Y también se alborotaron
Esta vez las ochentonas.
Unas bailaban valonas,
Y otras sentadas mirando
Las cábulas observando
Para llevar qué contar;

¿Y esto lo ha de tolerar
El Jefe Intendente?... ¿¡Cuándo!?

Los mozalbetes soltaron
Las riendas a sus pasiones;
La camisa y los calzones
En la Ruleta dejaron;
¿Pero de esto qué sacaron?
Que revientan, trabajando
Y hasta los bofes echando
Para recachar el pisto:
Así lo tendrán, es visto,
Pero la paloma... ¿¡cuándo!?

Según mis cortos talentos
Producirá esta función
Aumento de población
Y muy buenos casamientos.
¡Cuántos irán muy contentos
Su fortuna ponderando!
Y cuántos habrán llorado
Porque se acabó el bureo:
Lloran todos el paseo,
¿Pero sus culpas, cuándo?

¡Adiós! Se acabó, mujeres,
El paseo en La Laguna;
Ahora márchese cada una
A su casa y sus quehaceres:
Todo no ha de ser placeres;
La cuaresma va llegando;
Vayan, pues, examinando
Los pecados lagunales,
Que son muchos y mortales;
Mas que no les gusta... ¿¡cuándo!?

¿Cuándo será aqueste cuando,
Que tanto el alma desea:
Que yo a toda mujer vea

Con su malacate hilando?...
¡¿Cuándo?!

OLIMPIA

PERSONAJES

La Pastora Olimpia
La Pastora Zefalia
La Pastora Serafila
La Pastora Débora
La Pastora Isbela
El Pastor Nicodemo
La Pastora Rutilia
El Pastor Absalón

ACTO PRIMERO
El escenario representará un bosque: en el centro un árbol.

ESCENA I
NICODEMO Y ABSALÓN, A LA SOMBRA DEL ARBOL:
SEFALIA APROXIMÁNDOSE A ELLOS CON UN CESTO QUE
CONTIENE LAS VIANDAS QUE IRÁ SACANDO SEGÚN LO
INDICA EL DIÁLOGO.

Nicodemo: Mucho has tardado en esta vez, Zefalia,
Cuando el trabajo ha sido tan intenso;
Nos has hecho maldecir hoy el ganado
Votar y renegar más que un arriero.

Absalón: Ciertamente, Zefalia, que así ha sido;
Nunca he visto tan bravo a Nicodemo,
Porque parece que el infierno todo
Se metió entre las cabras y carneros:
Unas se desperdigan, otras corren
Entre los enmaraños de esos cerros,
Dejando en los espinos los vellones.

Y enredándose algunas por los cuernos,
Como el que a Isaac libró cuando su padre
Le iba a sacrificar sobre unos leños.

Nicodemo: Y no es eso lo peor, sino que un lobo
Tamaño como un león, y muy hambriento,
Más porfiado y tenaz que un estudiante
Nos puso en gran conflicto los corderos;
Dos de ellos le arrancamos de las garras,
Gracias a ser valientes nuestros perros,
Y después de correr y gritar tanto
Estamos de hambre y de cansancio muertos.

Zefalia: Tenéis mucha razón: mas ya el ganado
Pace en el llano, sosegado y quieto;
Y vosotros estáis ya descansando
Sobre la verde grama; y el almuerzo
Viene a hacer que olvidéis esas fatigas,
Aunque hubieran durado por más tiempo.

Absalón: Dices muy bien, Zefalia; ¿y qué trajiste?
¿Llenaste bien de provisión el cesto?

Zefalia: No quedaréis con hambre, aunque ayunando
Os hubierais pasado el año entero.

Nicodemo: Eso, Absalón, me alegra, y de este modo
Cualquiera puede trabajar contento;
Pero mucho trabajo y pan escaso,
¿Habrá a quien acomode? No lo creo.
¿Por qué no paran criados o sirvientes
En las casas de muchos opulentos?
Porque allí se revientan trabajando,
Se dejan pocas horas para el sueño,
Y la pitanza va tan limitada
Que pone flaco al más robusto cuerpo.

Zefalia: Pues vosotros, pastores, en mi casa
Tenéis con abundancia el alimento,

Dormís desde que brillan las estrellas,
Os divertís, si os place, en cualquier tiempo,
Tocáis vuestra zampoña o vuestra flauta,
Sin que ninguno os mande hacer silencio;
Y todas vuestras faenas se reducen
A ordeñar el ganado, hacer el queso,
Conducir los rebaños a los pastos
Y poner gran cuidado en defenderlos;
Y otras cosas así, que son tan suaves sane
Que os sirven muchas veces de recreo.

Absalón: Cuanto dices es cierto, y por lo mismo,
Aun cuando no mediara el parentesco,
Contigo estoy contento y pienso estarlo
Hasta ser conducido al cementerio;
Y puedo asegurarte sin engaño,
Que de este modo piensa Nicodemo
Pero vamos comiendo que ya es tarde,
Y ya el rebaño puede andar disperso.

Nicodemo: Y no es eso lo peor sino que el hambre
Me está haciendo sentir todo su efecto,
Siéntate aquí, Zefalia, y ve sacando
Lo que para este mal es el remedio,
Y almuerza tú también, que ya es la hora
En que sueles tomar el alimento.

Zefalia: Así pensaba hacerlo, pues me agrada
(sentándose)   Comer con mis alegres compañeros;
Y no dirás que os menguo las raciones,
Pues las traje dobladas al intento

(Isbela canta a lo lejos):
Laboriosa es la vida
De los pastores,
Que tras de las ovejas
Saltan y corren:
Mas la prefiero

A la de altivas reinas
Que empuñan cetro.
Mas allá oigo una voz y es la de Isbela
Que andará sin comer, pues un carnero
Supe que se le huyó de la manada.
Y a buscarlo salió con el lucero:
Si os parece esperemos que aquí llegue
Y en la mesa un asiento le daremos,

Absalón:

¡Basta que tú lo quieras! Así sea:
Que la barriga aguante otros momentos.

Nicodemo:

Pero mientras que llega bueno fuese
Echar un trago y calentar el pecho.

Absalón:

Ese es un gran recurso amigo mío,
Que no me había ocurrido al pensamiento;
Venga la bota, que también el vino
Matar el hambre sabe muy a tiempo

(Isbela adentro canta):

Laboriosa en la vida
De los pastores
Que tras de las ovejas
Mas la prefiero
A la de altivas reinas
Que empuñan cetro.

Nicodemo:

Vaya este trago por la simple Isbela
Que le gusta correr tras los carneros.
Os divertís, si os place, en cualquier tiempo
Tocáis vuestra zampoña o vuestra flauta
Sin que ninguno os mande hacer silencio;
Y todas vuestras faenas se reducen
A ordeñar el ganado, hacer el queso
Conducir los rebaños a los pastos
Y poner gran cuidado en defenderlos;
Y otras cosas así, que son tan suaves
Que os sirven muchas veces de recreo.

Absalón:	Cuanto dices es cierto, y por lo mismo
	Aun cuando no mediara el parentesco,
	Contigo estoy contento y pienso estarlo
	Hasta ser conducido al cementerio;
	Y puedo asegurarte sin engaño,
	Que de este modo piensa Nicodemo;
	Pero vamos corriendo que ya es tarde
	Y ya el rebaño puede andar disperso

Nicodemo:	Y no es eso lo peor sino que el hambre
	Me está haciendo sentir todo su efecto,
	Siéntate aquí, Zefalia, y ve sacando
	Lo que para este mal es el remedio,
	Y almuerza tú también, que ya es la hora
	En que sueles tomar el alimento.

Zefalia:	Así pensaba hacerlo, pues me agrada
(sentándose)	Comer con mis alegres compañeros
	Y no dirás que os menguo las raciones
	Pues las traje dobladas al intento

(Isbel acanta a lo lejos):

Laboriosa es la vida
De los pastores
Que tras de las ovejas
Saltan y corren
Mas la prefiero
A la de altivas reinas
Que empuñan centro.
Mas allá oigo una voz y es la de Isbela
Que andará sin comer, pues un carnero
Supe que se le huyó de la manada
Y a buscarlo salió con el lucero
Si os parece esperemos que aquí llegue
Y en la mesa un asiento le daremos.

| Absalón: | Ese es un gran recurso, amigo mío |

Que no me había ocurrido al pensamiento.
Venga la bota, que también el vino
Matar el hambre sabe muy a tiempo

(Isbela adentro canta):

Laboriosa en la vida
De los pastores
Que tras de las ovejas
Salta y corren
Mas la prefiero
A la de altivas reinas
Que empuñan cetro.

Nicodemo:

Vaya este trago por la simple Isbela
Que le gusta correr tras los carneros

Absalón:

La hambre la hace cantar como a las aves;
Tal vez no atienda a lo que expresa el verso.

Zefalia:

Te engañas, Absalón; ¿Y acaso ignoras
Que Isbela es una moza de talento?
Entiende bien lo que habla, y aunque vive
Metida entre las cabras y becerros,
Sabe mucho de historia, lee y escribe,
Que a todo le enseñaron sus abuelos.
Si le hablas de la Biblia, te sorprende,
Pues la sabe mejor que un fariseo.

Absalón:

Siendo esto así merece tener parte
Y aun mejor lugar en el almuerzo;
Y si marido quiere, yo aseguro
Que lo tendrá excelente en Nicodemo,
Y harán buena pareja, pues es mozo
Que nadie le va en zaga en ser muy leído.

Nicodemo:

Aunque supiera tanto, como dices,
Ni ella querrá casarse ni yo quiero;
Contento vivo, solo y descuidado,
Sin que el sueño me quiten los chicuelos;

No he de ser solterón porque conoces
Que ningún hombre honrado debe serlo; o
Pero dóblese esta hoja, que ya Isbela
Está para llegar, y ha de haber tiempo
Para que hablemos de esto, pues es cosa
Que merece atención el casamiento.

Zefalia: ¡Y bien que lo merece! Pues si es fuerza
Que se cumpla de Dios el mandamiento,
Preciso es meditarlo porque de esto
Depende en los enlaces el acierto.

Absalón: Tú eres muy singular en estos puntos,
Pues no piensan así las de tu sexo;
"Venga el marido", dicen , que si es malo
Así me convendrá; y él se hará bueno".
Mas va a llegar Isbela; ya muy cerca
Se oyen de sus canciones los acentos.

ESCENA II
LOS DICHOS: ISBELA ACERCANDOSE AL FORO, CANTA:

Después que sus trabajos
El pastor deja,
Al reposo del sueño
Sin amarguras
Feliz se entrega,
Que en las soberbias cortes
Los pechos turban.

Absalón: Y es cierto que la voz de esa muchacha
Me agrada como el canto de un jilguero.

Isbela: ¡Oh, mi amiga Zefalia! Felizmente
(entrando)   Te encuentro aquí con estos compañeros;
Y ya lo presumía, pues he visto
Tus lucidos rebaños que paciendo
Están allí en el llano todos juntos,
Teniendo en centinela vuestros perros;

Y descansar deseaba entre vosotros,
Pues hoy más he andado que un correo.

Zefalia:
Y yo advertí también que tú llegabas,
Al escuchar tu canto, allá de lejos,
Porque tuve noticia que saliste
Desde el amanecer tras un carnero
Y siendo ya tan tarde, bien supongo
Que tu cansancio debe ser extremo.
Siéntate, pues, Isbela, que es preciso
Que antes de continuar tomes aliento.

Nicodemo:
Sé bien llegada, Isbela; gran fortuna
Para nosotros es que nos juntemos:
Después de trabajar y fatigarnos,
En conversar se encuentra algún recreo.

Absalón:
Íbamos a comer; más dispusimos
Esperar tu llegada, porque creemos
Que andarás en ayunas.

Isbela:
No te engañas.
Pues no traté ni de encender el fuego;
Sólo pensaba hallar la res perdida,
Sin acordarme más del alimento,
Pues perder una oveja una pastora
Es perder un tesoro de gran precio

Nicodemo:
Eso es así; mas si la esposa fueras,
La cuñada o la suegra, cuando menos,
De cualquier mandarín o traficante,
Aunque perdieras el rebaño entero,
Por nada madrugaras ni corrieras,
Pues sacaras tus pérdidas del pueblo.

Absalón:
De eso no hay duda; pero ya es forzoso
Cortar discursos, y que tome asiento
La nueva compañera, pues no es justo
Tenerla entretenida tanto tiempo;

Siéntate tú, Zefalia, y que ella elija
El lugar que le agrade.

Isbela: Desde luego,
Aquí junto a mi amiga me coloco,
Advirtiendo que no uso cumplimientos.

Nicodemo: Eso es mejor que tantas musarañas,
Tantos melindres, tantos embelecos
Que usan en las ciudades las muchachas,
Queriendo que las rueguen los mancebos
Manos a la obra, pues, y doy principio
Brindando a Isbela este pernil de puerco.

Zefalia: Y para acompañarlo cual se debe,
Pongo junto a su plato pan muy fresco.

Isbela: Y el cariño y las manos que lo ofrecen
Más sabor le darán; no hay duda en esto.

Absalón: Pues yo a la hermosa Isbela de buen vino
Doy en su propia mano un jarro lleno;
Y quedaré mejor, pues el cansancio
Siempre excita a beber, ¿no es esto cierto

Zefalia: Muy cierto es, Absalón.

Isbela: No llega tarde,
Y es a vuestra salud, mis compañeros.

Zefalia: Y yo a la tuya, mi querida Isbela.

Absalón: Ahora seguiré yo, aunque no tengo.
Tan seco el paladar.

Nicodemo: ¡Cómo pudieras
Si casi te apuraste el otro cuerno!
Venga ahora para mí, si algo me dejas,

Que también tengo sed y no estoy muerto

Isbela:

¡Oh! Qué rico está todo! No parece
Comida de pastores en desierto;
Únese al buen sazón, la compañía,
Y el hambre que da a todo condimento.
¡Oh! La pobre Mariamne nunca tuvo
Este placer en sus festines regios.

Absalón:

¿Quién es esa Mariamne?

Zefalia:

Fue la esposa
Que Herodes, nuestro rey, tuvo primero.

Isbela:

Fué una belleza que admiraban todos,
Mujer de grandes prendas y talento,
Princesa que llevaba entre sus venas
La sangre de Alejandro y de Janeo.

Absalón:

Pues venga un trago a la salud de Herodes
Que tuvo en escoger tan grande acierto;
Porque eso de llevarse una muchacha
Que fué, como tú dices, un portento,
Fué una fortuna que si yo la hallara
Hoy pudiera dejar de ser soltero. (Bebe).

Nicodemo:

No ha merecido Herodes a Mariamne
Ni que tú por hacerle obsequio.

Absalón:

¿Por qué razón?

Nicodemo:

Porque es un rey intruso,
Siendo, como tú sabes, idumeo
Que a Aristóbulo, Antígono e Hircano
Arrebató con injusticia el reino;
Y se ha elevado al trono de Judea,
Violando de la patria los derechos,
Porque ha sacrificado a su ambición
La sangre y la fortuna de los pueblos;

Y, en fin, porque es un monstruo crueldades
De que la historia no hallarás ejemplo.

Zefalia: Mucho he oído decir de ese monarca
            Todos hablan muy mal de ese extranjero.

Isbela: ¿Y quién puede hablar bien del que sus manos
            Tiñó en sangre de nobles Asmoneos
            Cuyos padres pelearon por la patria,
            ¿Defendiendo sus leyes y sus fueros?'

Absalón: Ese es mucho saber. ¡Qué viva Isbela!
            Bien dije que era el par de Nicodemo,
            Pues viendo yo que Herodes se vestía
            Con tanto lujo, y que llevaba cetro,
            No me lo figuraba hombre tan malo
            Ni que tal corazón tenga en el pecho.

Zefalia: Es engaño juzgar por los vestidos;
            Muchas veces encubren mil defectos.

Absalón: Sigamos, pues, comiendo y por Herodes
            No volveré a brindar aun estando ebrio.

Nicodemo: Menos podrás hacerlo cuando sepas
            Cuántas muertes ha dado este perverso.

Isbela: Pero no pienses ahora referirlas,
            Porque es historia que no tiene término.

Nicodemo: Sólo diré, Absalón, las más notables,
            Y que pintan al rey cual monstruo horrendo;
            Casóse con Mariamne, como es dicho,
            Llevado de ambición más que de afecto
            E hizo infeliz la vida de su esposa
            Añadiendo pesares a los celos;
            Mató a Alejandro, padre de esta Reina,
            Y al venerable Hircano, de ella abuelo;
            Mandó a ahogar a Aristóbulo, su hermano,

Joven pontífice y en extremo bello,
Tanto que quiso verlo Antonio en Roma,
Por el retrato que le enviara Delio;
Y Herodes intrigó para que Antígono,
Tío de Mariamne y noble Macabeo,
Diese fin a su estirpe y que expirase
Sufriendo de un esclavo el tratamiento.

Zefalia:

¿Y cómo esa mujer se ha conformado
A vivir con un lobo carnicero,
Que le dio tan mortales pesadumbres
Y tantas dagas enclavó en su pecho?

Isbela:

Ella hubiera trocado aquel marido
De tan ricos vestidos y cubierto
Con la púrpura real, por un pastor
Que sufre el sol, las lluvias y los vientos.

Zefalia:

Y Mariamne también subió al cadalso
Según lo oí decir, si bien me acuerdo.

Isbela:

Se hace su acusador Herodes mismo,
Y el sanedrín obsequia sus deseos;
La sentencia a morir, y va al suplicio
Con ánimo constante y muy sereno,
Alejandra, su madre, también muere
Por órdenes del Rey a poco tiempo.

Absulón:

¡Pues vaya un hombre cruel! Y yo pensaba
Que era un hombre de bien, hecho y derecho.

Nicodemo:

Y más te admirará que a sus dos hijos,
Frutos del malhadado casamiento,
Que de Mariamne hubieron la hermosura
Y en Roma se educaron con esmero,
Hizo matar el inhumano Herodes,
Ahogando paternales sentimientos.

Zefalia:	Pasaron no ha tres años de esas muertes;
	Y lloró por sus príncipes el pueblo
Absalón:	Yo lo oí decir también: más un muchacho
	Nunca pone atención a esos sucesos.
Isbela:	Tal fué la infeliz vida de Mariamne,
	Nada envidiable aunque poseía el reino;
	Tal su trágico fin, hecha la víctima
	De Herodes cruel así como lo fueron
	Abuelos, padres, hijos y otros muchos
	A ella cercanos por el parentesco.
Nicodemo:	Mas forzoso es decir que en estos crímenes
	Tuvo muy grande parte el mal consejo
	De Salomé, Ferotas y otros muchos
	Que rodeaban al rey, porque es muy cierto
	Que los grandes delitos de las Cortes
	Y todos los abusos del Gobierno,
	No tanto son las obras del que mande
	Sino de aduladores y perversos
	Que han granjeado su gracia con el chisme
	Y llegado al favor por ruines medios.
Absalón:	¿Con que hubo Salomé? Yo me admiraba
	Que mujer no anduviera en este enredo;
	Pero, amigos, ya es mucho estar hablando
	De la vida del rey, y yo me temo
	Que si llega a saber lo que habéis dicho,
	Colgados quedaréis por el pescuezo;
	Mejor es que comamos calladitos
	Y que en esas honduras nunca entremos.
Zefalia:	Por fortuna no ha habido más testigos
	Que algunas cabras y los fieles perros.
Isbela:	Si en la ciudad se hablase, era preciso
	Mil elogios del rey estar haciendo,
	Decir que es un cordero en mansedumbre,

	Apellidarle padre de sus pueblos Y dar el nombre de actos de justicia A los asesinatos más horrendos.
Nicodemo:	Esto es lo que oyen siempre los que mandan: Nadie dice verdad delante de ellos... Pero Débora llega...

ESCENA IIII
LOS DICHOS; DEBORA

Débora:	Bien hallados ¡Sed todos, mis queridos compañeros!
Todos:	¡Y tú, muy bienvenida!
Débora	Ha que a casa llegué con el carnero Que Isbela había perdido, y cuidadosa Teníame su tardanza; más ya veo Que os encontró al pasar y se entretuvo, Logrando tener parte en vuestro almuerzo.
Zefalia:	Tú también la tendrás aunque a los postres, Si quisieres hacernos este obsequio. Aquí toma lugar; sobre la alfombra Que la naturaleza nos ha puesto.
Débora:	Con gran gusto, Zefalia.
Absalón:	Pues que empiece Débora por beber, que es lo primero.
Nicodemo:	Llénale bien el jarro, que ese vino La alegrará sin trastornarle el seso.
Absalón:	Aquí lo tienes, Débora, y es fuerza Que todo lo sepultes en el pecho.

Débora:	Basta que me lo brinden mis amigos Para no desairar.
Todos:	¡Gracias!
Débora:	Muy bueno.
Absalón:	Y yo contento estoy, pues me ha tocado Ser de hermosas pastoras el copero. Ahora come ese pan, que es exquisito (Absalón bebe en exceso hasta embriagarse)
Zefalia:	Y tienes aquí miel, cuajada y queso. ¡Oh! cuánto siento que antes no llegases Para mejor servirte; y a más de esto, Que al placer de las viandas se agregase oír discurrir a Isbela y Nicodemo.
Débora:	En cuanto a los manjares, esto basta; Y en cuanto a lo segundo, luego pienso Que los oiré decir alguna cosa, Pues esta noche a un baile asistiremos.
Zefalia:	¿En dónde y por qué causa es esta fiesta?
Débora:	En la casa de Olimpia, y el objeto Es darle el parabién por su venida Que así Rutilia y yo lo hemos dispuesto, De acuerdo con su hermana Serafila, Que sabes tiene tan festivo genio. Yo me encargué de convidar a Isbela, Y de pasar con este mismo intento A casa de Zefalia, y por fortuna En feliz hora juntos os encuentro.
Absalón:	El convite aceptamos, y por prueba Vamos a disponer el viaje presto, Que a la hora de esta tiene Serafila Más de doce sartenes en el fuego.

¿No os parece, pastores?

Nicodemo: Por mi parte,
               A lo que es diversión no zafo el cuerpo.

Zefalia: Y nosotras también, con mucho gusto,
               De Olimpia a la cabaña asistiremos,
               No sólo por bailar, sino por verla ole
               Después de ausencia de tan largo tiempo.

Isbela: Olimpia lo merece por mil títulos,
               Y yo muy pronta voy a su festejo.

Débora: Pues no comamos ya porque esta noche
               Barriga ha de faltar; yo lo prometo.

Nicodemo: A mí me vendrá bien esa abundancia,
               Que no tengo el estómago repleto,
               Porque, aunque nuestra mesa ha sido larga
               Más atendí a charlar que al alimento.

Débora: Allá lo llenarás, si así lo quieres,
               Gozando al mismo tiempo otros recreos,
               Alternando los bailes y los cantos
               Y haciendo rechinar los instrumentos.
               Tú, Nicodemo, tocarás la flauta,
               Absalón el rabel, y yo el pandero;
               Y entre una danza y otra irá la copa,
               Poniendo de alto punto los cerebros

Zefalia: Ha de estar ciertamente muy alegre
               Nuestra reunión, pues no nos falta genio,
               Y Olimpia y Serafila, de igual temple,
               La noche harán pasar como un momento.

Absalón: Mas yo quiero saber antes de todo
               De dónde viene Olimpia, pues entiendo,
               Al ver que os alegráis de su llegada,
               Que vendrá del Egipto o de más lejos

Debora Viene de las montañas de Judea,
Adonde fuera a hacer su cumplimiento
A una anciana virtuosa que la ha criado
Y siempre le mostró cariño tierno.
Isabel es su nombre, y era estéril;
Y no bien se acercó la primavera,
Viendo ya en los arbustos los renuevos,
El camino tomó de la montaña
Y en allí estuvo hasta que entró el invierno
Asistió al parto de su bienhechora,
Vió y arrulló al infante, que es muy bello.

Absalón: Pues qué, ¿es partera Olimpia? Mal oficio;
No será mi mujer con este empleo.

Nicodemo: Pues cree que no es tan malo como piensas;
Y cuando se dan tono, mucho menos;
Se hacen al punto dueñas de la casa,
Comen muy bien y mandan con imperio;
Le guardan al marido sus raciones,
Las piernas de gallina y otros restos,
Y, cortado el ombligo del muchacho,
Cobran el honorario como un médico.

Zefalia: Olimpia no ha llevado este destino;
Fué por su gratitud...

Absalón: Y yo más creo
Que por curiosidad, si ha de atenderse
A que este es mal muy propio de su sexo.
Isbela: Mas era disculpable, si advertimos
Que no era para menos el suceso.

Nicodemo: Yo mismo que no tuve la desgracia
De nacer hembra, concebí deseos
De ver encinta a una mujer anciana,
O a un hermoso muchacho dando el pecho.

Débora: No está lejos Hebrón, y en dos patadas

Puedes ponerte allá en cualquier tiempo;
Seis meses tiene el niño, muy apenas,
Y la misma Isabel le da sustento,
Con leche propia; pues aunque es tan vieja,
Y con la piel unida ya a los huesos,
A sus pechos la dió gran abundancia
El que haciendo un milagro, madre la ha hecho.
No imitó ni el melindre ni el delito
De aquellas madres que en la ciudad vemos,
Que de naturaleza ahogando el grito
Dan a extrañas nodrizas sus hijuelos.
Pero vamos, que es tarde y al ocaso
Se avecinda ya el sol; levantad luego;
Tenemos que vestirnos y calzarnos
Y cortar flores para los cabellos;
Y hemos de hacerlo solas, pues no somos
Damas a quienes peina peluquero.

Isbela:

Débora dice bien; y me retiro
Dando a Zefalia gracias, como debo,
Y a vosotros, pastores; y esta noche
A estar juntos y alegres volveremos.

Zefalia:

Yo me marcho también, y sólo aguardo
Recoger platos y llenar el cesto.
Componeos muy bien, que por mi parte
He de hacer por lucirme en el bureo.

Absalón:

Y lo que más importa es tener listos
Los pies para bailar y limpio el pecho,
Porque hemos de cantar y dar mil gritos
Hasta que el sol apague los luceros.

Isbela:

No olvidéis la zampoña ni la flauta,
Ni llevéis de los músicos el genio.
Que no quieren tocar cuando los ruegan,
Y aburren cuando debe haber silencio.
(Vánse Isbela y Débora).

ESCENA IV
NICODEMO, ABSALON Y ZEFALIA

Absalón:

Nicodemo no afloja en una fiesta,
Ni yo, que tengo callos en los dedos;
Los resabios de maestros de ciudades
Los músicos de aldea no tenemos.

Nicodemo:

Vete, Zefalia, y la mejor sandalia lo
Pon a tus pies, y la soguilla al cuello,
Pues presumo que Olimpia y Serafila
Han de estar ataviadas con esmero;
Lo mismo irán Rutilia, Isbela y Débora,
Y no es justo que tú lo vayas menos,
Aunque para lucir, no necesitas
De galas ni de adornos sobrepuestos.

Zefalia:

No pienso mal de mí; mas al instante
Voy a coger claveles a mi huerto,
Y a hacerme una guirnalda matizada
Con muy blancos jazmines que allí tengo;
Llevad, pues, al redil esos ganados,
Y a disponer la marcha venid presto. (Sale).

ESCENA V
LOS DICHOS, MENOS ZEFALIA

Absalón:

No tardaremos mucho, pues ya huelen
De la casa de Olimpia los buñuelos.
¿Con quién pierdas bailar?

Nicodemo:

Yo, con Isbela.

Absalón:

¿Ya quieres empezar tu galanteo?

Nicodemo:

En efecto, me agrada esa mozuela olla
No por el rostro, que en verdad no es bello
Sino porque le advierto que es virtuosa
Y que tiene su poco de talento,
Porque hermosura sin virtud ni juicio

Sólo es un oropel que yo no aprecio.
Y ¡pobre de la moza que fundare
En el color y ia belleza el mérito,
Porque no es más que flor que se marchita
¡Y queda reducida a un esqueleto!
Pasa la juventud y arrinconada
Acaba triste de la vida el resto;
No presenta atractivos al esposo,
Y olvidada por él rabia de celos.
Mas te repito, amigo, que por ahora
No tengo de casarme pensamientos.

Absalón: ¿Te casarás después?

Nicodemo: De eso no hay duda,
Pues ya te dije que hago mal concepto
De solterones.

Absalón: ¿Y... por qué... motivos?

Nicodemo: Porque su vida no es muy buen ejemplo;
Vagan cual mariposas que a las flores
Despojan del aroma más perfecto:
Sin hijos, sin familia, sin esposa,
Reconcentran en sí sus pensamientos;
Aman, pero su amor es semejante
Al que un lobo les tiene a los corderos
¿Y tú te casarás?

Absalón: Por lo ... que dices,
Es un deber hacerlo aunque con miedo,
Porque vivir a una mujer unido
Es tener una sierpe envuelta al cuello.
Mas esta noche escogeré entre todas
La que parezca haber menos defectos;
De buena gana a Olimpia tomaría,
Porque al fin tiene vacas y carneros,
Ella recoge trigo en abundancia

Y en la bodega sobra vino añejo.
Esta noche verás como se cruzan
Los jarros, los jamones y torreznos;
Y no fuera mi suerte tan adversa
Si tal enlace me cupiera al menos

(Absalón, sentado como está, se bambolea por la embriaguez habrá pronunciado los versos con voz entrecortada, pero sin desfigurarlos).

Nicodemo: Tú tienes buena dosis de codicia;
            Mas por fin, Absalón, ¿qué es lo que hacemos?
            Vamos luego a encerrar nuestro rebaño,
            Que ya la noche asoma el manto negro.
            Absalón   Vamos, pues, al instante; pero aguarda
            Que pararme no puedo, Nicodemo;
            Tengo las piernas flojas como un trapo,
            Y en la cabeza siento gran mareo.
            ¿Qué enfermedad será esta?

Nicodemo: Borrachera,
            Pues tiraste a beber, y estás peneco.

Absalón: Pues déjame dormir siquiera un rato
            Que pienso que con esto me refresco.

Nicodemo: ¡Qué dormir, ni qué diablo! Es necesario
            Que de aquí nos marchemos al momento;
            Levántate, Absalón.

Absalón: No me es posible;
            Quiero dormir que tengo mucho sueño.

(Nicodemo tira del brazo a Absalón para levantarlo, y acabará por sacarlo a empellones).

Nicodemo: Yo te levantaré; dame la mano
            Y te refrescaré con un remedio;
            Haz por tu parte alguna diligencia;
            Cierto que tienes muy pesado el cuerpo.

Absalón:	El mundo me da vueltas como un trompo;
	Mira no me derribes, que me quiebro.
	¿Y hacia dónde me llevas?

| Nicodemo: | A la fuente. |

| Absalón: | ¿Y allí vas a curarme? |

Nicodemo:	Y luego, luego;
	Con solo remojarte las orejas
	Te voy a refrescar; pero te advierto
	Que esta noche, de Olimpia en la cabaña,
	En eso de beber andes con tiento.

| Absalón: | Yo te lo ofrezco así; más anda despacio |
| | Que me harás vomitar si vas corriendo |

ACTO SEGUNDO

La cabaña de Rutilia sencillamente adornada; los pastores con trajes de gala.

ESCENA I
RUTILIA, ISBELA Y DEBORA, SENTADAS

Rutilia:	La noche está muy serena,
	Y aunque aprieta un poco el hielo,
	Está despejado el cielo
	Y tenemos luna llena

| Isbela: | ¿Sabes si viene Nectalia? |

| Débora: | No viene. |

Isbela:	Mucho lo siento;
	Mas no tardará un momento
	En llegar aquí Zefalia; Nicodemo y Absalón
	No faltarán a mi ver.
	Porque han prometido ser

Músicos de esta función.

Rutilia:
A convidarlos marchó
Débora bien de mañana,
Y con el sí muy ufana
Hace poco que llegó.

Débora:
Mas no son los parabienes
Los que a Absalón han movido,
Sino que ya ha percibido
El olor de las sartenes.

Isbela:
¿Y ha venido buena Olimpia?

Débora:
Y aun digo que más hermosa,
Con sus mejillas de rosa
Y la tez más blanca y limpia.

Isbela:
Cuanto más Zefalia tarda
Tanto más verla deseo.

Rutilia:
Ya llegará, según creo,
Pocos momentos aguarda.

Débora:
Yo apuesto que ha estado ella
Engalanándose toda,
Como si fuera a una boda
Para mostrarse más bella.

Rutilia:
Y si esto fuese verdad.
¿Tiene algo que reprender?
¿No es propio de la mujer
Tener esta vanidad?
¿Con qué fin has escogido
Hoy tus vestidos mejores?
¿Y por qué Isbela con flores
El cabello ha entretejido?
Yo confieso sin rubor
Que si tanto me compongo,

En la fiesta me propongo
Aparecer la mejor.
Y Serafina y su hermana,
Sin temor puede apostarse
Que sólo en engalanarse
Están desde esta mañana.

Débora:

Mas yo pregunto, señoras,
¿A quién vamos a agradar,
Si allí sólo hemos de hallar
Dos músicos y pastoras?
Pues yo a ninguna he de creer
Que se adorna solamente
Porque piense allá en su mente
Agradar a otra mujer;
Y que cuando al templo van
Con tanta pompa ataviadas,
Las cabelleras rizadas,
Luciendo oro y tafetán,
El objeto sólo sea
Presentarse con decencia
En la divina presencia,
Y que Dios sólo las vea;
Otro es nuestro pensamiento,
Aunque la mira es honesta,
Y es que en el templo o la fiesta
Hallemos un casamiento.

Isbela:

Te engañas, Débora, en creer
Que sólo este fin tenemos,
Sino que nunca queremos
Que nos venza otra mujer
Y vanas siempre deseamos
Que otra de envidia reviente,
Cuando ve que en nuestra frente
Rica guirnalda llevamos;
O que en nuestros dedos brilla
Un espléndido diamante,
Que el vestido es rozagante

Y de perlas la manilla.

Rutilia:
Y yo, por añadidura,
Digo de la hembra por ahora
Que es la más reparadora,
Y más que el varón murmura;
Aunque en el templo parece
Que atentas están orando,
No lo están, sino atisbando su
Cuanto a sus ojos se ofrece;
Al salir dan un relato
Exacto de los listones,
De fustanes, camisones,
De la media y del zapato;
Y en la revista prolija
No se escapa ni una sola;
Ven si en la enagua va cola,
Quién lleva arete y sortija;
Y por eso al adornarnos
Queremos callar las lenguas,
Y que en vez de hallarnos menguas,
Antes salgan a alabarnos.

Débora:
Comencemos desde aquí
Nuestros juicios a formar;
¡Qué concepto hacéis de mí?
¿Estoy como un azahar?

Rutilia:
Yo te miro muy hermosa.

Isbela:
Y yo, linda hasta el extremo;
¡Quién sabe si Nicodemo
Te echa el ojo para esposa!

Débora:
Yo pagándoos con usura
Digo que a vuestra belleza
Ha de inclinar la cabeza
Aun de Olimpia la hermosura

Isbela y Rutilia:	¡Mil gracias!
Débora:	Llega Zefalia.
	Viene corriendo ligera,
	Y es porque teme sin duda
	Que haya empezado la fiesta.
Rutilia:	¿Y cómo empezar podría
	Sin que hubiera venido ella?

ESCENA II
LAS DICHAS, ZEFALIA Y NICODEMO

Nicodemo:	¡Felices noches, pastoras!
Zefalia:	¡Bien halladas, compañeras!
Rutilia:	¡Bienvenidos, Nicodemo
	Y tú, Zefalia! Ya Isabela
	Estaba por tu tardanza
	Desesperada e inquieta. (Se abrazan)
Zefalia:	Y yo no lo estaba menos;
	Mas no es corta la carrera;
	Y a más de esto, era preciso
	Componerme la cabeza
	Y mudarme los vestidos.
	Pues que vamos de etiqueta.
Débora:	¿Y Absalón?
Nicodemo:	Fue necesario
	Que llevara las ovejas
	Allá cerca de Belén,
	Donde otros pastores velan,
	Pues andan listos los lobos
	Y aquí quedaban expuestas;
	Pero va con tanta gana
	De concurrir a la fiesta,
	Que si no llega primero

De Serafila a las puertas,
Poco después de nosotros
Llegará por otra senda.

Isbela.   Pues si os parece, marchemos...

Rutilia: No es forzosa tanta prisa;
                   Que Zefalia tome asiento
                   Mientras que Absalón se acerca

Débora: Sí; que un papel principal
                   Va a tener en nuestra orquesta

Zefalia: Y aunque un poco más tardemos,
                   Antes faltarán las piernas
                   Para bailar, que la noche,
                   Que en el invierno es muy lenta.

Rutilia: Es verdad, y aún no ha llegado
                   Al cenit la Casiopea.

Isbela: ¡Hola! Rutilia,
                   ¿conoces Las estrellas y planetas?

Rutilia: Y es muy útil las conozcan
                   Las pastoras y labriegas
                   Pues por ellas advertimos
                   Si tardará o está cerca
                   La aurora y dejar la cama
                   Para las diarias tareas;
                   Y con sus apariciones
                   A los campesinos muestran
                   Cuándo debe ser la poda
                   Cuándo la vendimia y siega,
                   Cuándo es el tiempo oportuno
                   De trasquilar las ovejas;
                   Y bastara solamente
                   Admirar la Omnipotencia
                   Del Criador, viendo que están

Tan puntuales todas ellas
A salir cuando les toca,
Ya a anunciar la primavera,
Ya a demarcar el solsticio,
Ya a dar a luz en las tinieblas.

Nicodemo:

¡Oh, Rutilia! Tú podrías
Dar envidia a damiselas
Que moran en bellas casas
Y que se visten de seda;
Pero que nunca han fijado
Sus ojos en las estrellas,
Ni saben con qué destinos
Recibieron la existencia.

Débora:

Ciertamente que me agrada
Oír hablar de esta manera,
Pero perder ahora el tiempo
Puede ser impertinencia;
Allá tenemos a Olimpia
Ya Serafila en espera,
Y yo temo que se enfríe
O que se queme la cena.

Zefalia:

Ya he descansado bastante,
Débora, y estoy dispuesta;
Y sabes qué día y noche
Corro por esas laderas.

Nicodemo:
Rutilia:

Pues que se emprenda la marcha.
Es lo que Isbela desea.

Isbela:

No te engañas, y ya sabes
Que dos objetos me llevan,
El primero ver a Olimpia,
Que es tan amable y bella,
Y el otro pasar bailando
Con ella la noche entera
Que es el único placer

>   Que a los aldeanos les queda

Zefalia: Parece que conveninos
              Todos en la misma idea

Débora: Y yo digo que llevamos
              Otra mira, aunque secreta,
              Que es de calentar las tripas
              Con el vino y la merienda;
              Y más que sabéis que Olimpia
              Jamás anda con miserias;
              Si sois francas como yo,
              Confesadlo, compañeras

Nicodemo: No dudo que allá en la mente
              Este pensamiento tengan;
              Per o ¿qué tiene de extraño
              Ni qué puede dar vergüenza?
              Nada es más común que ver
              Por acá en las aldeas
              El gentío que concurre
              Donde se dice que hay fiesta.
              ¿Y por qué van? Porque saben
              Que hay carnero o vaca muerta,
              Y el olor del estofado
              Los hace pasar en vela.
              Y en habiendo buenos tajos
              Dicen que ha estado muy buena.

Rutilia: ¿Y en la ciudad, Nicodemo,
              Se portan de otra manera?
              Yo vi las mismas costumbres
              Cuanto tiempo viví en ella.

Nicodemo: Cierto es, pues si se convida,
              Al examen de una escuela,
              A una función en el templo
              O a entierro en que no hay candela,
              Todos están ocupados

En el taller o en la tienda,
Y sólo por compromisos
Suelen prestar asistencia
Mas cuando saben que está
Ya preparada la mesa,
Que se han labrado de azúcar
Las arrobas por docenas,
Que para cada uno habrá
Lo menos cuatro botellas,
Que para la madrugada
Buenos tamales se aprestan,
No hay ocupación que atrase,
No hay catarro que detenga,
No hay luto para las damas
Ni para el varón hacienda.

Zefalia:

Pues siendo así, vamos luego.
Sea como dice Débora.

Débora:

Mira, no olvides la flauta.

Nicodemo:

Lleva tú la pandereta;
Y si queréis llegar luego,
Seguid mis pasos, doncellas,
Que a la cabaña de Olimpia
Soy muy ducho en las veredas.

Todas:

Te seguimos, Nicodemo

Nicodemo:

¡Viva Olimpia!

Todas:

¡Viva! ¡Ea!

ACTO TERCERO
La cabaña de Olimpia, lujosamente adornada.

ESCENA I
OLIMPIA Y SERAFILA

Olimpia:	Serafila, los pastores Ya deben venir.
Serafila:	Y aun tardan.
Olimpia:	Que de más claros aguardan La luna los resplandores. Con esplendidez la cena Es preciso dispongamos, Pues no quiero que tengamos De alguna falta la pena.
Serafila:	Cuanto pudiera desear La más voraz golosina Está pronto, y la cocina Mejor no pudiera estar. Y pues te deseaban ver Y concurrir a esta fiesta Rubenia, Micol, Modesta, Noemí, Sileno y Ester, Hice poner en las ollas Carne de vaca y ternero, De cabrillo y de carrero Muchas gallinas y pollas; Mantequilla, requesón Hay y cuajada muy fresca, Y porque no falte pesca Mandé componer salmón; Otras mil cosas previno, Olimpia, mi diligencia, Que harán lucir tu opulencia, Sin olvidarme del vino.
Olimpia:	Has hecho bien, pues me daña Menos el verme tachada De pródiga o de sobrada, Que de mezquina o tacaña..
Serafila:	Pero trabajo importuno,

Olimpia, todo este ha sido,
Porque venir no ha podido
De los que dije, ninguno;
Y que se malogre temo
Tanto pastel, tanto pan
Que consumir no podrán
Absalón y Nicodemo.

Olimpia:

¿Y por qué causa han faltado?

Serafila:

Porque al salir de la luna,
Sin que quedase ninguna
A la ciudad han marchado.

Olimpia:

¿Con qué fin?

Serafila:

La novedad
Es que toda mujer u hombre
Deben ir a dar su nombre,
Razón de bienes y edad.

Olimpia:

Para mí no es cosa extraña,
Pues a ese empadronamiento
Se daba ya cumplimiento
Muy exacto en la montaña.

Serafila:

Pues quien sabe si esta noche
Cuando festivos bailemos,
La orden de marchar tenemos
Sin que nos apronten coche.

Olimpia:

¿Y qué hemos de hacer? Marchar,
Pues el mandato de Augusto,
Sin examinar si es justo,
Es preciso respetar.

Serafila:

¿Y sabes por qué obsesión
Se nos impone esa ley?

Olimpia:	Por los caprichos de un rey,
	Que no tiene más razón;
	Por vanidad de Octaviano,
	Que anegado en los placeres
	Quiere ver de cuántos seres
	Es el dueño soberano.

Serafila:	No obstante, Olimpia, yo creo
	Que las pastoras que vienen
	Bastarán pues genio tienen
	Para animar el recreo;
	Mas antes es menester
	Que aquel baile que tenemos
	Por otra vez ensayemos,
	Que las quiero sorprender.

Olimpia:	Dices bien: manos a la obra,
	Comencemos el repaso,
	Y aprendiendo bien el paso
	Para sorprenderlas sobra.

ESCENA II
LAS MISMAS; (BAILAN)

Serafila:	Suspendamos que ya se oyen
	De los pastores los cantos.

Olimpia:	Vienen lejos y podemos
	Darle fin a nuestro ensayo.

(Se oyen cantos en el interior, y las pastoras suspenden su baile: se sientan).

La plácida luna,
El alma sin pena
La noche serena,
Llaman al placer;
A Olimpia mirando,
A gozarle vamos

Cantando y bailando
Hasta amanecer.

CORO

A la bella Olimpia
Dando el parabién,
Cantemos, bailemos
Hasta amanecer.

Serafina:	Parece que estamos listas Y que con donaire bailo.
Olimpia:	Lo haces muy bien, Serafila Y que sorprendas aguardo.
Serafila:	Ahora dime, ¿estoy bien puesta? ¿Para lucir fáltame algo? Porque a ti, de las que vienen Nadie te llega al zapato; Si el rey Herodes te viera Hoy te llevara al palacio.
Olimpia:	Estás bella, Serafila; Y temo que lo estés tanto Que de esta fiesta, un marido Te arrebate de mi lado.
Serafila:	Pues no lo temas, Olimpia, Que no soy ratón que un gato Me haya de cazar; soy grande Y sólo un león me da asalto; Yo he de ser como Abigail, Al trono alzada del campo; A esos pobres pastorcillos Los compadezco y los amo; Ahora bailaré con ellos Y atenderé a regalarlos; Les dispensaré cariños;

Pero la mano. . . . nequando
Mas parece que ya llegan:
A recibirlos salgamos.

ESCENA III
LAS MISMAS: NICODEMO, ZEFALIA, ISBELA, RUTILIA Y
DEBORA ENTRAN DESPUES DE CANTAR LO QUE SIGUE

El cielo estrellado,
La noche muy buena,
La luna en su llena
Permiten gozar
De Olimpia la vista
Y de Serafila,
Y en unión tranquila
Cantar y bailar.

CORO

Lleguemos, amigos,
A Olimpia mirar,
Y hasta que amanezca,
Cantar y bailar.

Isbela: Olimpia, siempre bella,
Siempre sin mengua cual del cielo estrella;
Después del largo plazo
Que nos ha separado, estrecho brazo
Debe volver a unirnos
Y que jamás nos toque despedirnos.

Olimpia: Dámelo muy estrecho
Que siento palpitar dentro de mi pecho
El corazón que te ama
Y de tierna amistad arde en la llama.

Zefalia: Olimpia, cuya ausencia
Me ha parecido como un siglo larga,
Haciéndome la vida muy amarga;
Hoy que ya tu presencia

Me vuelve la alegría
Permite que te abrace, amiga mía.

Olimpia:

Por doquiera, Zefalia, en mi memoria
Y en el pecho fielmente retratada
Te he llevado abrazada,
Pues que mi mayor gloria
En ser amiga tuya está fundada.

Rutilia:

Olimpia, que has tenido
Mustias las flores, sin verdor el prado,
Cuya ausencia ha sacado
De este mi corazón hondo gemido;
Hoy que feliz te veo,
Satisfaga este abrazo a mi deseo.

Olimpia:

Abrázame, Rutilia, estrechamente,
Mientras el labio llevo yo a tu frente
Que, adornada con flores,
Causa la admiración de los pastores.

Nicodemo:

Salve, Olimpia, que has vuelto
Más bella de los montes de Judea,
En cuyo talle esbelto
Hermosa y rubia cabellera ondea
Haciéndote envidiar de las estrellas;
Porque aparece más lucida que ellas
El parabién te doy, porque has llegado
Del modo que no bien he retratado.

Olimpia:

Eres donoso y fino hasta el extremo,
Y yo te doy las gracias, Nicodemo.

Isbela:

Y a ti, por tu contento, enhorabuenas
Todas queremos darte, Serafila.

Zefalia:

Y que nos divirtamos y pasemos
La noche en danzas en honor de Olimpia.

Serafila:	Del grato obsequio que os dignáis prestarnos
	Estaba ya por Débora advertida;
	Dejad los mantos y sin cumplimientos
	Vuestro asiento tomad, caras amigas.
Débora:	Qué no haya dilación en que se empiece
	La tambarria; sonemos ya la lira,
	Y veréis que en cabriolas no me gana
	Ni Isbela que es tan diestra ni Rutilia.
Olimpia:	Generosas pastoras, vuestro intento
	Es darme el parabién por mi venida;
	Os lo agradezco; pero yo a la fiesta
	Dar objeto más grande tengo en mira.
Rutilia:	¿Y cuál es el objeto? Dilo al punto.
	A fe que no ha de ser mejor, Olimpia.
Débora:	Lo que importa es bailar por cualquier cosa
	Y cansadas venir a la comida.
Olimpia:	Traigo de las montañas una nueva
	Digna de celebrarse
Isbela:	¡Dila, dila!
Olimpia:	Que si no ha nacido, no dilata
	En que al mundo aparezca el gran Mesías.
Rutilia:	Cierto que es grande cosa y que merece
	Danzar si verdad fuera y dar mil vivas:
	Y no sé qué hay en eso, pues he oído
	Dos Rabinos hablando en estos días,
	Y decir muchas cosas que no entiendo,
	Registrando las hojas de la Biblia;
	Pero todo lo hablaban en secreto,
	Temiendo del Gobierno los espías.
Zefalia:	Yo estuve en Galilea, y con reserva

Oí que se circulaba esta noticia,
La oí en Jerusalén, la oí en Betania
Mas siempre reservada y escondida.

Isbela:

Con el mismo secreto un fariseo,
Sabio profundo de la ley escrita,
Con quien tengo amistad, me ha demostrado
Que cumplidas están las profecías,
Que ya es el fin de la última semana
Que señaló Daniel a esta venida.
Me habló de otros profetas que la anuncian
Y dijo no sé qué de unas Sibilas.

Nicodemo:

Por dondequiera van esos rumores
Que por temor de Herodes no se explican
Y yo tengo por cierto que ya es tiempo
Que nazca el Salvador que el cielo envía.
Ya los ídolos no hablan de las gentes,
Y el imperio acabó de la mentira,
Y ya veis que en Israel la regia estirpe
Se extinguió de Mariamne en la familia;
Al César obedece la Judea,
De Roma es tributaria Palestina,
Y con cetro de hierro nos oprime M.
De Herodes la extranjera dinastía;
Y esta fué la señal que dio a sus hijos
Nuestro padre Jacob, de esta venida;
Todo, todo se cumple a nuestros ojos,
Todo se verifica a nuestra vista.

Débora:

Y a fe que sucedió, pues que yo he ido
Allá a Jerusalén en estos días
A celebrar la fiesta de las flores
Que en nuestra santa ley está prescrita,
Y en movimiento la ciudad estaba,
Adornado el palacio de cortinas,
Dando todas a Herodes parabienes,
Doblando ante él humildes las rodillas,
Porque un hijo varón le había nacido,

Y este y no otro ha de ser ese Mesías.

Rutilia: Muy engañada estás.

Débora: ¿Por qué motivo?

Rutilia: Porque a todos es cosa muy sabida
            Que de David traerá su descendencia
            El Salvador del mundo.

Serafila: ¡Hola, Rutilia!

Isbela: Muy bien has dicho, y se añade a esto
            Que esa grande ciudad no es la escogida
            Para cuna de Cristo.

Serafila: A mí me han dicho
            Que Miqueas en una profecía
            Sin dejar duda claramente expresa
            Que a Belén tocará tan grande dicha.

Nicodemo: Bien instruidas estáis en la Escritura;
            Mas aguardemos que nos diga Olimpia,
            Qué supo allá en Ain que más confirme
            La próxima llegada de este día

Olimpia: A más de esos rumores que se esparcen
            Por dondequiera en la nación judía
            En casa de Isabel he visto cosas
            Que señales me han dado positivo;
            Y si me habéis de creer, puedo deciros
            Que ya conozco a la mujer divina
            De quien ha de nacer el Prometido,
            Y que la dicha tuve de servirla.

Serafila: ¿Qué estás diciendo, hermana?

Olimpia: No lo dudes,
            Y atiende a mi relato, Serafila.

| Zefalia: | Sigue, Olimpia, que atentas te escuchamos, |
| | Y con la novedad muy sorprendidas. |

Olimpia:	En el mes de Nisán, cuando las flores
	Sobre los verdes tallos se mecían
	Y a la nueva y risueña primavera
	Las aves saludaban, revestidas
	De vistosos plumajes, y la tierra
	Con nueva juventud aparecía; oren
	Con Isabel cosiendo unos pañales
	Hallábame una tarde entretenida;
	una sirviente apresurada viene
	A decir a Isabel que una visita
	Llega de Nazaret; que es una joven
	Que, sin exagerar, es la más linda
	De todas las mujeres, pues no puede
	Haber otra beldad más peregrina;
	Que María es el nombre que ella ha dado,
	Y que ansiosa pregunta por su prima.
	A este nombre, la anciana se levanta,
	Como de impulso superior movida;
	De la preñez no siente el grave peso,
	Y que ha llegado al sexto mes olvida,
	Y, como una muchacha de quince años,
	Veloz y alegre corre a recibirla.

| Serafila: | ¿Y la seguiste tú? |

| Zefalia: | ¿Quién no lo hiciera? |

| Rutilia: | Y siendo ella mujer, es cosa vista... |

Olimpia:	Luego que vió a Isabel, la hermosa joven
	Con una voz angélica y suavísima
	Dijo: "La paz de Dios contigo sea
	Y habite en esta casa y su familia".
	El primer movimiento de la anciana
	Fué estrechar en sus brazos a su prima;

Mas repentinamente, quedó inmóvil
Y en éxtasis profundo sumergida,
Oyendo aquel saludo y viendo el rostro
De su joven pariente en que yo misma
No veía un ser humano sino un ángel,
Un serafín, no sé si deidad diga,
Cuya faz irradiaba luces suaves
Que los ojos recreaban y no herían.
Yo temblé de respeto en su presencia,
Y casi la adoraba de rodillas.
Entretanto Isabel vuelve del pasmo,
Y cual, si hubiera inspiración divina,
A la joven dirige estas palabras
Que para mí no fueron entendidas:
"Yo te saludo, afortunada joven,
Mujer entre mujeres bendecida,
Así como es bendito el sacro fruto
Que ya tu seno virginal abriga.
¿Y de dónde me viene esta ventura?
¿De dónde a mí, tu sierva, tanta dicha
De que se digne visitar mi casa
La que es madre del dueño de mi vida?
Desde el momento que a mis oídos llega
Tu voz encantadora, prima mía,
El niño que a mis canas Dios ha dado
Salta en mi vientre y de placer se agita.
Feliz eres mil veces, porque creíste,
Y en ti a la letra se verán cumplidas,
Sin que una jota falte, las palabras
Que de orden de Jehová te fueron dichas".

Isbela: Y, a la verdad, que son muy misteriosas
            Esas cosas que dejas referidas.

Nicodemo: Con esa pompa vana que deslumbra,
            Nuestra nación espera su Mesías,
            Y con el mismo brillo ver esperan
            A la que en sus entrañas lo conciba;
            Pero sabios doctores nos han dicho,

Fundados en algunas profecías,
La Que pobre ha de nacer y que su gloria
No ha de ser en el fausto establecida.

Olimpia:

Y yo que vi las gracias de esa joven
Y que no cesaré de repetirlas, implo
¿Pudiera creer que Dios la desechaba
Porque no viera en ella telas ricas,
Ni las joyas y perlas que envanecen
A las hijas del mundo, tan altivas?
¿Pudiera creer que Dios escogiera otra
Para hacerla su Madre, si en María
Ve todas las virtudes en un grado
Que sólo pueden creerse siendo vistas?
¿Pudiera creer que Dios no la ha elegido,
Cuando a las bendiciones de su prima,
Llevando al cielo sus hermosos ojos,
Lleno de luz el rostro, y las mejillas
Bañadas de purpúreos resplandores,
Y en fuego celestial toda encendida,
Respondió con un cántico inspirado,
Sublime en los conceptos y poesía.
Cántico sin igual con que ha nublado,
Como después ha dicho Zacarías,
La gloria de David, su ilustre abuelo,
Honor de su nación y su familia?
Ah! Pastorcillas, si la hubierais visto
Cuando el himno celeste profería,
Como dos soles sus brillantes ojos
Y sobre el labio virginal sonrisa,
Os postraríais, como yo, a adorarla
Y por cosa no humana la tendríais!

Serafila:

¿Y sabes tú el cantar?

Olimpia:

Como un milagro
Fue que yo lo aprendiera, Serafila;
Y siéndome tan grato lo repaso
Como un dulce recuerdo cada día.

| Isbela: | Dínoslo, Olimpia, que, por lo que has dicho, |
| | Juzgo ha de ser composición divina. |

| Serafila: | Dilo, que me parece que estoy viendo |
| | Las gracias y bellezas de esa niña. |

| Rutilia: | Por oírlo desespero, pues ya tengo |
| | Con la joven poetisa simpatías. |

Olimpia:	Escuchad, pues, pastores. De este modo,
	A los elogios que Isabel le hacía,
	Modesta, espiritual y fervorosa,
	Y a los dones de Dios reconocida,
	Como del Santo Espíritu agitada,
	Respondió la doncella bendecida:

"Gloria —dijo — al Señor, la lengua mía
Exclame enajenada:
A Dios que es su salud y su alegría
Se eleve transportada,
Que, sin ver de su esclava la bajeza,
Colmóla de bondades,
Y admirarán su espléndida grandeza
¡Del mundo las edades!
De corona inmortal ornó mi frente;
Cubrióme con su manto
Aquél temido Ser omnipotente,
El que es tres veces Santo!
El que agita del mar y de los vientos
La indómita pujanza,
Y vuelve a los furiosos elementos
La paz y la bonanza;
Cuya munificencia y cuyos dones
Sin límite se extienden
Sobre una y diez y cien generaciones
¡De los que no se ofenden!
Desplegó el indomable poderío
Del brazo prepotente,

Y en medio aniquiló al mortal impío
¡De su furor demente!
Derrocó a los magnates poderosos
Del solio enaltecido,
Y a los puestos de honor, esplendorosos,
¡Exaltó al abatido!
Al pobre enriqueció, y a los hambrientos
Colmó de sus favores;
Tornándose desnudos, macilentos,
¡Los ricos opresores!
De su misericordia ilimitada
Pompa hizo, en su largueza.
Y recobró Israel esclavizada
Su brío y su altiveza,
Según lo que a Abraham fué prometido
Y a nuestros genitores.
Y hasta que el fin del mundo haya venido
Tendrán sus sucesores!". (*)

(*). Este cántico es traducción
de Heriberto García de Quevedo,
adoptada por el Padre Reyes.

Isbela:	¡Oh! ¡Qué cantar tan sublime!
Zefalia:	¡Qué improvisación tan bella!
Nicodemo:	Muy bien dijo Zacarías Que ha eclipsado esta doncella La gloria de los cantares De David y los profetas.
Olimpia:	¿Y qué os parece del juicio Que tengo formado de ella?
Rutilia:	Que piensas muy bien, Olimpia, Y te doy la enhorabuena De que hayas visto y hablado A una mujer tan perfecta;

	Y por eso va otro abrazo.
Isbela:	No se queda atrás Isbela.
Zefalia:	Ni se quedará Zefalia Que va darte una docena....

(Todas se apresuran y estrechan en grupo: a Olimpia).

Serafila:	Yo no he de ser la de menos
Débora:	¡Ya se hicieron una trenza!
Nicodemo:	Tienen razón de estar locas, No es para menos la nueva, Tú me abrazarás a mí. DéboraMejor fuera a una culebra, Lo que quiero es que bailemos.
Serafila:	Pues empecemos la fiesta, Y que no sea por Olimpia Sino por esa doncella.
Isbela:	Y porque ya presumimos Que el Mesías está cerca.
Rutilia:	Pues, a bailar, al instante!
Zefalia: Olimpia:	Presto a bailar, compañeras. Cada una tome su puesto Y elíjase su pareja, Y que toque Serafila El pandero o la vihuela, Mientras que llega Absalón Y se arregla bien la orquesta; Y entonces ella vendrá A comenzar su tarea.
Rutilia:	Yo estoy lista.

Zefalia:	Comencemos.
Isbela:	En honor de la doncella.
Olimpia:	Y de su prima Isabel Que está criando, aunque tan vieja.
Nicodemo:	Cada una escogió la suya; A mí me toca con Débora.
Débora:	Ven, Nicodemo, no importa Bailar con macho o con hembra Ea, amiga, Serafila, ¡Haz hablar esa vihuela!

(Bailan según indica el diálogo).

Nicodemo:	¡Oh! ¡Qué bueno que va esto! ¡Qué viva mi compañera!
Olimpia:	Descansemos un instante Que la tanda ha sido larga.
Serafila:	Y vaya un trago de vino
Olimpia:	Nicodemo, que es varón, Que lo reparta a las damas.
Nicodemo:	Pues venga acá la botella Que la comisión me agrada. ¿Y por quién comenzaré? Por Isbela y por Zefalia.
Isbela:	Gracias, señor Nicodemo.
Nicodemo:	A Serafila sean dadas Que se acordó de beber Cuando nadie se acordaba.

Zefalia:	Pues muy bien; a Serafila Y a Olimpia damos las gracias, Pues el vino está tan bueno Que Octaviano lo deseara.
Nicodemo:	Ahora a Débora y Rutilia Que no han de estar desganadas.
Rutilia:	No he de negar, Nicodemo, Que esta ocasión aguardaba.
Nicodemo:	Esa franqueza me gusta.
Débora:	A mí lléname la taza.
Nicodemo:	Como yo ya te conozco, Así dártela pensaba.
Débora:	Y ¡cuidado, ¡qué está rico!
Nicodemo:	Ahora voy a las de casa, Porque es preciso que estén Taco a taco las muchachas. ¡Toda, toda, ¡Serafila!
Serafila:	A tu salud; pero basta.
Nicodemo:	Yo no pensé que anduvieras En esta fiesta tan parca; Y Olimpia ¿me hará un desaire? A fe que no, que es muy guapa.
Olimpia:	Brindo porque las pastoras Que visitan mi cabaña, A honor de la nazarena Bailen y luzcan sus gracias.
Isbela:	Agradecemos, Olimpia.

Nicodemo:	¡Oh, qué bien! Así me agrada, Ahora a la salud de Olimpia Beberé yo; mas ¡caramba! Que al pobre repartidor Sólo quedaron zurrapas; Pero más vale.
Débora:	¿Y por qué?
Nicodemo:	Porque tal vez me pasara Lo que le pasó a Absalón.
Rutilia:	¿Y qué fué?
Nicodemo:	Que esta mañana, Almorzando allá en el campo, Echó tantas tragantadas Que sin saber a qué horas Se puso una soberana, De modo que no podía Pararse sobre las patas; Y un irresistible sueño Se le vino a las pestañas; Fué menester que a tirones Del suelo lo levantara; Y aunque dando mil traspiés Logré conducirlo al agua, Y con un baño de orejas Pude que se refrescara. Tan eficaz fué el remedio Que al volver a la cabaña Estaba tan alentado Que no lo advirtió Zefalia.
Débora:	¡Qué atrasado está Absalón! ¡Yo pudiera ser su maestra! Y desde ahora lo declaro Por un pastor muy cobarde.

Rutilia:	Eso es porque tú has crecido
	Frecuentando las ciudades
	Donde se ven las tabernas
	De trecho en trecho en las calles,
	Y a beber se aprende en ellas
	Primero que a persignarse;
	Y por supuesto, bebiendo
	Desde las tiernas edades,
	Se dejan tras botellas
	Sin dar señas de embeodarse.

Serafila:	Eso es muy cierto, y yo he visto
	En los banquetes y bailes,
	En francachelas que son
	De cada domingo y martes,
	Que las niñas, las señoras,
	Los de mando, comerciantes,
	Muchachos de las escuelas,
	Gentes de toga y encajes,
	Beben cuanto no bebiera
	Un buey que del yugo sale;
	Y aún que de entre éstos algunos
	Suelen hacer disparates,
	Decirse algunos insultos
	Y aun echar mano a los sables,
	Pero por lo general
	Tan poco efecto les hace
	El vino, que al otro día
	Se les ve frescos pasearse,
	Ir al despacho, a la escuela,
	Al templo, a lo que les place.
	Y en eso de las tabernas,
	A muchos oigo quejarse
	De que se tiene gran celo
	A De que en los pueblos no falten,
	Sin tomar empeño alguno
	Porque allí escuelas se instalen,
	Donde se enseñe a los niños

El a, b, c, ciencias y artes.

Zefalia:	Dejemos las digresiones, Y sigamos nuestro baile; Nicodemo tocará La flauta o lo que le agrade, O la pastora que quiera, Y qué Serafila dance.
Nicodemo:	Toma el instrumento Isbela, Que yo voy en un instante A ver que se ha hecho Absalón, Que para que llegue es tarde.
Isbela:	Dices bien; vete al momento, Y los dos vengan cuanto antes.
Débora:	Dile que ya está la cena, Y volará como un sacre.
Serafila:	No os dilatéis, Nicodemo.
Nicodemo: (Váse).	Seré más veloz que el aire,

ESCENA IV
DICHOS, MENOS NICODEMO

Isbela:	A mí me toca ser música, Y a Rutilia acompañarme.
Rutilia:	Lo que importa es que la noche En alegre unión se pase.
Olimpia:	Zefalia es mi compañera
Serafila:	A mí Débora me cabe. (Bailan).
Débora:	Bien lo hacemos, y en la corte

Pudiéramos dar envidia;
Para que nada nos falte
Que cante algo Serafila.

Rutilia: A ella se le encomendó
             Cantar en honor de Olimpia,
             Versos que compuso Isbela
             Que la lleva de poetisa.
Débora: Pues no hay que perder el tiempo;
             ¡Vamos! Canta, amiga mía.

Serafila: Sabes que soy deferente,
             Y aunque mi voz no es muy linda,
             Acompañada de Isbela,
             Podrá quedar más lucida.

Isbela: Me honro en acompañarte,
             Aunque no lo necesitas;
             Toma, pues, el instrumento,
             Y vaya la tonadilla. (*)

(Cantan Isbela y Rutilia).

(*). Estos versos, desde donde habla Débora, fueron
añadidos en la repetición de la Pastorela del P. Reyes. Concepción
Vega.

Admirad de Olimpia
La beldad, pastores,
Es entre las flores
La más bella flor
Si el monarca altivo
Sus gracias mirara,
Cautivo quedara
En lazos de amor.
¡Feliz el pastor
Que a poseer la llegue,
Y a quien ella entregue
Su fiel corazón!
En tan gran tesoro

Se gozará el alma
Con tranquila calma
¡Sin otra ambición!

ESCENA V
DICHOS, ABSALON

Absalón:

¡Hola! ¿Con que ya empezasteis
La función sin aguardar
Que estuviera yo presente,
¿Que soy papel principal?

Zefalia:

Pero Absalón ¿que no miras
¿Que la media noche es ya?
Ve el Arado y las Cabrillas
Y a Orión que a ponerse van,
Tu tardanza ha sido tanta
Que Nicodemo poco ha
Salió en tu busca, temiendo
Que te sucediera un mal.

Absalón:

No me ha encontrado; sin duda
Que por otra senda va.
Mas pregunto ¿habéis cenado?

Débora:

Hemos bebido, no más.

Absalón:

Pues parece que ya es hora;
El hambre me lo avisa ya.

Serafila:

A Nicodemo se espera;
Paciencia, que ya vendrá!

Absalón:

Os referiré entre tanto
Lo que allá me hizo tardar,
Y que es cosa ciertamente
Que mueve a curiosidad.

Olimpia:

¿Qué cosa es?

Absalón: Que por acaso
             Llegándome a la ciudad
             En aquella gruta oscura
             Del arruinado portal
             Que está a la parte del sur
             Unido al antemural,
             Que os es muy bien conocido,
             Pues allí todas llegáis
             A guarecer los ganados
             Por la nieve o huracán;
             Siendo ya entrada la noche
             Dos personas vi llegar,
             Y en el momento la cueva
             Se llenó de claridad
             "¡Hola!" —me dije a mí mismo—
             "¿Encantos hay por acá?"
             Y no obstante que temía
             Brujerías encontrar
             Me fui acercando a la puerta
             Ojo alerta aquí y allá,
             Y lo primero que he visto
             De la gruta en el umbral,
             Fueron una asna y un buey
             Echados a descansar
             Adelante vi un anciano
             De solemne gravedad
             Que parecía abismado
             En algún hondo pesar.
             Y luego junto al pesebre
             Que lleno de paja está,
             Vi una joven tan hermosa
             Que jamás he visto igual;
             Y "¿Qué es ésto?" —me decía—
             "¡Que esta tan rara beldad
             Haya venido a hospedarse
             A este triste muladar!"
             Largo rato me detuve
             Viendo sin despestañar
             Aquella doncella o ángel,

Que no sé yo qué será;
Hice esfuerzos por hablarla
Y al anciano preguntar
La causa de aquel misterio,
Pero no me hallé capaz,
Viendo que los dos estaban
En profundo meditar;
Y lleno de admiración
Y de respeto a la par,
Fui saliendo silencioso,
Como había entrado al portal.

Serafila:

Yo no dudo que es verdad
Todo lo que Absalón cuenta.

Isbela:

¿Y por qué?

Serafila:

Porque confirma
Lo que me dijo Medea;
Con ella acabo de hablar
Antes de empezar la fiesta.

Zefalia:

Oigamos a Serafila,
Porque esto también alegra.

(Siéntanse).

Olimpia:

Piensas bien, pues si las danzas
Y la conversación alternan,
Lejos de ser fastidiosa
La reunión, es más amena.

Serafila:

Contóme aquella pastora,
Que sabéis no es embustera
Que entre las gentes que van
Por el edicto del César
A Belén a empadronarse
En numerosas catervas,
Un anciano venerable

Conducía a una doncella,
De quien no ha encontrado voces
Para explicar la belleza;
Pero que estando vestida
Con sencillez y modestia,
Sin dar indicios de rica
Ni menos que pertenezca
A las ilustres familias
De la encumbrada nobleza,
Ha sufrido mil desprecios
De otras jóvenes que llevan
A Todo el lujo de la corte,
Y de grandes la soberbia;
Que en vano de las posadas
Y casas tocó a las puertas a
De todo Belén, pues nadie
Se ha compadecido de ella;
Y que muy lejos de darles
Hospedaje, con afrenta
La arrojaban a la calle
Con inhumana dureza,
Unos por ver que era pobre,
Juzgándola otros plebeya,
Sin que las altivas damas,
Vestidas de ricas telas,
Ni los nobles caballeros,
Testigos de tal fiereza,
De los pobres peregrinos
Muestras de compasión dieran;
No habiendo más corazón
Sensible que el de Medea,
Que sin poder socorrerlos
Los siguió muerta de pena.
El anciano se afligía,
Aunque sin proferir quejas
Por los viles tratamientos
Hechos a su esposa tierna;
Mas ella lo consolaba
Con faz alegre y serena,

Adorando los decretos
De la oculta Providencia.
Y, en fin, viendo que en
Belén Todos asilo les niegan,
Que la noche va cubriendo
Con su oscuridad la tierra,
De aquella ingrata ciudad
Al punto salir intentan,
Y hacia las puertas del muro
Dirigieron la carrera.

Zefalia: Pues no hay duda que ellos son
                  Los que Absalón vió en la cueva.

Rutilia: ¿Y por qué no los condujo
                  A su cabaña Medea?

Débora: ¿Y por qué no ha caído fuego
                  En esa ciudad perversa,
                  Como cayó allá en Sodoma,
                  ¿Según me contó mi abuela?

Serafila: Olimpia, a la madrugada
                  Voy a traer a esa doncella

Isbela: Y yo voy a acompañarte
                  Para enseñar que, en la aldea,
                  Hay pechos más generosos
                  Que en las ciudades soberbias.

Olimpia: Tal vez, tal vez es la joven
                  De que os hablé, por las señas
                  Que he podido recoger
                  En lo que ahora se nos cuenta

(Nicodemo grita en lo interior).

Nicodemo: ¡Albricias, buenas pastoras!
(Entrando)   ¡Albricias vengo pidiendo!
                  Vamos bailando, muchachas,

¡Que estoy loco de contento!
Mas… no bailes todavía.
Quieros contaros primero.

Olimpia: ¡Dinos al punto, pastor!

Zefalia: ¿Qué te pasa, Nicodemo?

Isbela: ¿Qué es lo que quieres decirnos?

Nicodemo: Referiros un suceso.
Que no hay otro más grandioso
En los anales hebreos.

Olimpia: ¿Y cuál es?

Nicodemo: ¡Que ya ha nacido
El Salvador de los pueblos!

Rutilia: ¿Y quién te dió esa noticia tan grande?

Nicodemo: ¡Los mismos cielos!
Iba en busca de Absalón
Con un paso muy ligero,
Y casi, casi al llegar
Do estaban los ganaderos,
Se me presentó a la vista
La atmósfera ardiendo en fuego;
Y en una cándida nube
Que lanzaba mil reflejos
Iba en alada figura
Del más gallardo mancebo
Un ángel cuya hermosura
No puedo explicar, confieso,
Quedéme como una estatua,
De pasmo, sorpresa y miedo,
Cuando que el paraninfo
Habló con célico acento
A los pastores que en vela

están sobre los corderos,
Dándoles la gran noticia
Que esperaba el Universo.
Yo advertí por el murmullo,
Que los pastores temieron
Y que azorados querían
Todos escaparse huyendo;
Mas la voz del querubín
Dejó tranquilos sus pechos,
Hablando a aquellos zagales
Y de este modo diciendo:
"No temáis, pastores,
Que soy mensajero
De paz y alegría
Al vasto Universo.
Hoy mismo ha nacido
De Belén, no lejos,
Por decretos altos
Quién del mundo es dueño;
Y aunque soberano
De tronos e imperios,
Da y quita a los hombres
Coronas y cetros,
No en sumos palacios,
Ni alcázares regios
Le busquéis. De toscos
Pañales cubierto
Sobre húmeda paja
Yace el Rey del cielo.
¡Acudid, pastores!
¡Zagales, id presto!
Sed al gran Mesías
En ver, los primeros;
No tardéis, dichosos
Pastores hebreos,
Y en vuestro camino,
Más raudos que el viento,
Llevadle tributos
De amor y respeto

Mirad que es nacido
¡El Rey de los cielos!
Y en medio a los aires
Un sonoro estruendo
De angélicas voces".
Contestó de lejos:
"Gloria en las alturas
Al Señor Eterno,
Y al hombre sencillo
Y de honrado pecho
¡Paz y bienandanza
Del mundo en el suelo!
Y entre blancas nubes
Subiendo a los cielos
Más y más remotos
Se fueron oyendo
De aquellos cantares
Los límpidos ecos". (*)
Yo inmóvil me había quedado;
Mas de mi asombro volviendo
Advertí que los pastores
Al ángel obedecieron,
Y cantando himnos de gozo
A Belén iban corriendo,
El rebaño encomendando
A Jehová, pastor supremo.
Tuve impulsos de seguirlos
Y corrí con este intento;
Mas me acordé de vosotras,
Y he volado como el viento
A daros esta noticia
Para que a Belén marchemos

(*) Adoptado de María, poema de Zorrilla, continuado por Heriberto García de Quevedo.

Olimpia: ¿Y quién puede detenerse
             Sin ir a adorar al Verbo?
             Afortunados pastores,
             Tocad esos instrumentos,

No para el placer del baile
Sino para que al
Eterno Demos gracias.

Serafila: Caminando
Será mejor que cantemos.

Isbela: Dice muy bien Serafila;
¿Detenernos? Ni un momento!

Zefalia: Tengo en los hombros el manto,
Y los pies están dispuestos

Rutilia: Pero, ¿vamos al portal
Sin que presentes llevemos?
El ángel nos ha mandado,
Según dijo Nicodemo,
Que cada uno su tributo
Llevará al infante tierno;
Yo opino que a las cabañas
Volvamos sin perder tiempo
A buscar nuestras ofrendas,
Y que luego nos juntemos
En la casa de Zefalia
De donde muy bien sabemos
Que Belén está más cerca.

Todos: ¡Bueno, bueno el pensamiento!

Olimpia: Andad, pues, mientras nosotras
Nuestro tributo escogemos.

Zefalia: Y será con tanta prisa
Que llegaremos primero.

Absalón: Débora, nuestras sartenes
Allá se quedan oliendo.

Débora:	No pienses ahora en comer Sino en ver al Niño bello, Y en volviendo de Belén Mejor nos sabrá el puchero.
Absalón:	Serafila, no te olvides De llevar un par de cuernos De vino, porque hace frío Y tal vez nos helaremos.
Serafila:	Eso corre de mi cuenta, Absalón.
Absalón:	Me voy contento.

ACTO CUARTO
Cabaña de Zerafila

ESCENA I
TODOS

Olimpia:	Todos estamos ya juntos; Emprendamos el camino.
Isbela:	Sí, porque estoy tan deseosa De ver al verbo divino, Que los momentos que aguardo Me son largos como un siglo.
Zefalia:	¿Y quién no deseará ver? Con sus ojos tal prodigio?
Absalón:	A fe que Herodes no quiere Conocer ese chiquillo, Y quien sabe si lo mate Como ha matado a sus hijos.
Nicodemo:	No le faltarán deseos, Porque ha de temer que el Niño Le quite el cetro, pues nace

Para Rey de los judíos;
Y un ambicioso es capaz
Del más horrendo delito.

Débora:

Mas ahora Herodes se enreda
Aunque sea un asesino;
Pero ¿qué estamos haciendo?
¿A dormir aquí venimos?

Rutilia:

Por mi parte no hay demora,
Y mi tributo va listo.

Absalón:

Bueno fuera echar un trago
Para librarnos del frío.

Débora:

¿Y te atreverás a ir beodo
A la presencia del Niño?
¡Eso fuera un sacrilegio!
Hasta la vuelta no hay vino!

Zefalia:

Débora dice muy bien

Absalón:

Pues paciencia, y al camino.

Olimpia:

¡Ea! Marchemos pastores.

Serafila:

Pero cantando algún himno.

Isbela:
Serafila:

Lo traemos ya preparado.
Entonad, pues, que os seguimos.

Absalón:

Entonad, pues, que os seguimos.

Nicodemo:

Yo toco el panderetillo.

ESCENA II

LOS MISMOS. Marchan a Belén en parejas, una en pos de otra, formando círculos en torno del escenario. Antes del último verso, se descubre el portal, y después del canto se colocan en frente de la gruta.

DÚO

Aquel tiempo de eterna ventura
Por los vates predicho llegó;
Un arcángel de extrema hermosura
Lo ha anunciado al humilde pastor
De esplendor inefable rodeado
Y entre cándidas nubes se vió.
Y cual música grata ha sonado
A los oídos su célica voz.

CORO

Zagalejos, corred con presteza;
Pastorcillas, venid a Belén,
Que allí en forma de infante ha nacido
La esperanza y la gloria de Israel
El enviado del cielo nos dijo:
Nueva os doy de inefable placer;
De Jehová sempiterno ya el Hijo
Salvador ha nacido en Belén.
Le dió a luz de su vientre fecundo
La más pulcra y perfecta mujer,
¡Gloria y paz se ha anunciado hoy al mundo,
Redención, libertad, todo bien!

Zagalejos, etc.

Hallaréis entre el heno, zagales,
Al que en trono elevado reinó,
Y cubierto de humildes pañales
Al que viste de luces al sol.
Mensajero del Cielo, ya vamos
Hacia dónde nos llama tu voz,
Y al Rey niño el tributo llevamos,

Y los pechos ardiendo en amor.

Zagalejos, etc.

Ya las nubes al Justo han llovido.
Y ya el cielo el rocío estiló
De patriarcas y vates pedido
Con suspiros de santo fervor;
Y una tierra feliz y sagrada,
Tierra virgen que el cielo escogió,
Con el soplo de Dios fecundada
De su seno nos dió al Salvador!

Zagalejos, etc.

¡Vedlo allí, en un pesebre humillado!
¡Vedlo allí, entre las pajas llorar!
Vedlo allí, de Belén despreciado,
¡Y acogido a ese vil muladar!
A sus pies arrojaos, pastores,
Y sus plantas divinas besad;
Al gran Rey y Señor de señores
Vuestro humilde tributo pagad!

CORO
¡Oh, qué lindo, qué bello el chicuelo!
¡Oh, qué bello, qué hermoso el pastor!
Adoremos zagales, rendidos
Al Mesías, enviado de Dios!

ESCENA III
DICHOS

Absalón:

Tenéis aquí, pastores,
La cueva, el buey, la asnilla y los señores
Que al valiente Absalón le hicieron miedo;

Mas yo os juro que puedo
Irme zampando sin temor ahora,
Que un niño está, más bello que la aurora.

Isbela: Todo aquí me sorprende y embelesa:
Del Niño Salvador la gran belleza,
La humildad de ese anciano venerable
Y de la joven madre la modestia
Y la gracia inefable
De su mirar, y que una y otra bestia
Adore a su Criador con reverencia,
Cual si en ellas hubiera inteligencia.

Zefalia: ¡Qué admiración, qué gozo!
En mi pecho no cabe el alborozo;
Esa joven no hay duda que es divina,
Y el niño que reclina
Sobre almohadas de paja la cabeza,
Es el mayor portento de belleza
Que mis ojos han visto.... ¡Ah! ni las flores
Que se ostentan con vividos colores,
Ni el estrellado cielo sorprendente
Pueden ser ni un reflejo
¡De lo que miro en este portalejo!

Serafila: ¿Cómo fué desechada
En la ingrata Belén esta hermosura?
¿Cuál fué la ceguedad y la locura
De los que le han negado una posada?

Rutilia: ¿Cómo han podido hacerle tanto ultraje,
Altivos con el oro y el linaje,
Los que pudieron ver su rostro bello
Donde virtud y gracia han puesto el sello?
Mas ved aquí exaltada
La joven despreciada,
Y el rico y poderoso enaltecido
Volverán a su nada entre el olvido!

Débora:	Bien dije yo que castigar debiera
	Dios de esas gentes la altivez tan fiera.

Nicodemo:	Un misterio profundo
	Se cumple aquí, que está escondido al mundo
	Y si el Niño naciera entre señores
	No fuera hoy conocido de pastores;
	Fué de grandes y ricos despreciado
	Para ser entre humildes adorado.

Olimpia:	Ved cómo se cumplió mi profecía;
	Esta joven, pastoras, es María;
	Esta es la prima de Isabel dichosa
	Que llegó a la montaña presurosa,
	Y a quien hablé y serví por mi ventura,
	Y fui correspondida con ternura.
	Ahora no le hablaré, porque no intento
	De su éxtasis distraerla ni un momento;
	Mañana he de volver, y ahora postrada
	¡Adoro la deidad por mí encarnada!

(Se arrodilla).

ESCENA IV
LOS DICHOS, LA OFRENDA

Olimpia:	Te adoro en esas pajas,
	Verbo de Dios eterno;
	Te adoro, aunque de carne
	Tu ser divino ocultan densos velos,
	Y como a Rey del Orbe
	Por tributo te ofrezco
	Un manso corderillo
	De piel nevada con matices negros.
	Acéptalo, Señor,
	Aunque es un don pequeño;
	Mas te lo ofrece Olimpia,
	Quiero allegar mis labios y mi frente.
	Ardiendo de tu amor en grato incendio,

Y, a tus plantas divinas, reverente.

Isbela: Este infantillo que humillado veo
          Es el libertador del pueblo hebreo,
          Y aunque su nacimiento no celebre
          Como de un Rey, la mundanal grandeza,
          Por Dios lo reconozco en su pobreza,
          Y lo adoro tendido en su pesebre.

                    (Arrodillase).

          Te adoro, infante bello,
          Que sin dejar la diestra
          Del sempiterno Padre,
          Del cielo bajas a salvar la tierra;
          Te adoro, y por tributo
          Te da esta humilde siervo
          Una graciosa cofia
          Adorne ella tus sienes
          Antes que heridas sean
          Por agudas espinas,
          Como ya lo han predicho los Profetas;
          Pero permite que la pobre Isbela
          Te imprima un beso que con ansia anhela

Zefalia   Viendo a mi Dios en tanto abatimiento,
          En traje de mortal el que es eterno,
          Agitada de dulce sentimiento
          A darle vasallaje me prosterno.

          (Arrodillase).
          Te adoro por mi Dios
          Aunque te miro niño,
          Y en esa tierna forma
          Me inspiras más amor, encanto mío;
          Te adoro, y por tributo
          Ofrezco hilo finísimo
          Que hilé con tanto esmero
          Como si ya supiera sus destinos;

De él tejerá tu madre
Con sus dedos purísimos
La túnica inconsútil
Que crecerá contigo a un tiempo mismo.
¡Oh! mis ojos te vean
Con ella revestido,
Antes que te desnuden
¡Para jugar sobre ella los impíos!
Acepten este don tus manecillas,
Y Zefalia dé un beso a tus mejillas.

Rutilia:
(Arrodíllase)

La admiración, el pasmo y la alegría
Me ocupan toda el alma, y humillada
Como esclava de la deidad increada
Voy a adorar al Hijo de María.
Te adoro, tierno infante,
Bello, cándido lirio,
Y te doy por tributo
Este blanco y mullido colchoncito,
Que yo, como inspirada,
Por un secreto instinto
Lo henchí de blandas plumas
De varios delicados pajarillos;
Quita de entre las pajas,
Tierna madre, al chiquillo,
Y véanle mis ojos
Sobre más blando lecho adormecido,
Antes que llegue un día
De infausto vaticinio,
En que verás su cuerpo
Sobre duros maderos extendido;
Mas pide en recompensa mi cariño
Que me dejes besar al tierno niño.

Serafila:
(Arrodíllase)

Llena de pasmo, en éxtasis mi mente,
Estaba arrebatada dulcemente;
Mas vuelta en mí, ante mi Dios me postro
Y mi cabeza inclino ante su rostro.
Te adoro en tu pesebre,
Te adoro, increado Verbo;

Y aunque tu hermosa madre
Leche te de sus vírgineos pechos,
Leche de mis ovejas
En cantarillo nuevo,
En pastoril tributo
Vengo a ofrecerte con sincero afecto;
¡Ojalá que pudiese
Dártela en el momento
En que a tu sed de muerte
Amarga hiel ofrecerá mi pueblo!
Mas desde ahora recibe
Lo que entonces tal vez darte no puedo;
Pero más que la ofrenda,
Mi corazón, sus ansias, sus deseos
Y el ósculo que imprime Serafila
Sobre el labio que gracia y miel destila.

Débora: Dénme lugar a mí, que también quiero
(Arrodíllase).   Adorar a ese sol, a ese lucero.
Hermosura sin defecto,
Infantillo peregrino,
Yo adoro tu ser divino
Con el más rendido afecto,
Te adoro con ciega fe,
Y te ofrezco por tributo,
Te los voy a presentar;
Velos bien, uno por uno:
De mi huerta todo el fruto,
Que para ti lo corté;
Míralo aquí; no hay alguno
Que se pueda desechar;
Una naranja
De piel dorada,
Una granada
Grata en sabor;
Una manzana,
Un duraznillo,
Y este membrillo
De suave olor;

Esta guayaba
Que es perulera,
Este mamey;
Mira qué linda
La granadilla;
Una anonilla
Como una miel.
Este es todo mi presente;
Ahora cumple mis antojos,
Que son besar tu real frente
Y tocar tus bellos ojos.

Nicodemo: Y yo ante ti, gran Señor
(Arrodillase)   Profundamente humillado,
                    Por tributo mi cayado
                    Doy como a eterno pastor;
                    Y aunque el labio más no diga
                    Por el asombro y respeto,
                    Tú penetras el secreto
                    Que en el corazón se abriga

Absalón: A tus plantas, Rey de Israel
(Arrodillase).   Tienes este pastorcillo,
                    Y es su tributo un perrillo
                    Que se llama Coronel;
                    Este te ha de ser más fiel
                    Que los hombres que del
                    Cielo Te han hecho venir al suelo
                    En la más cruda estación;
                    Cuanto tiene da Absalón
                    Y este es todo su consuelo.

ESCENA V
DICHOS. —EL BAILE

Olimpia: Ya adoramos al infante;
                    Bien es que nos retiremos.

Débora:	Justo es; pero antes bailemos Por divertirlo, un instante.
Rutilia:	A fe que nunca quisiera Alejarme de María.
Isbela:	Yo su esclava quedaría Y por siempre le sirviera.
Zefalia:	Yo me voy; pero mañana Vuelvo a esta dichosa cueva.
Serafila:	El deber es quien me lleva, Pues de irme no tengo gana.
Nicodemo:	Luego bailad, no déis pena Al Niño, que va a dormir.
Absalón:	Y porque tenemos que ir A zambullirnos la cena.
Débora:	Sólo en eso estás pensando?
Absalón:	¿Y tú me dirás que no?
Serafila:	Eso es lo que quiero yo.
Nicodemo:	Pues bailemos luego el cuando.
Olimpia:	A Serafila y a mí Nos conviene ahora tocar.
Rutilia:	¡También podéis agradar Al Niño y la madre así!

(Cantan y bailan, menos Olimpia y Serafila que tocan).

CORO
¿Cuándo llegará este cuando

Que mi corazón desea,
De que en el portal me vea
Por siempre al Niño adorando?

Nicodemo:

Si a Dios acabáis de ver
En un pesebre tendido,
Humillado y abatido
La culpa es de la mujer;
Porque a Adán hizo comer
Fruta vedada, y llorando
Perdidos y a malhayando
Su golosina nos deja,
Y el Niño de ello se queja;
¿Podrán disculparse? ¡Cuando!

Isbela:

Si la mujer en Edén
A Dios y al hombre ofendió,
Su pecado reparó
Otra mujer en Belén;
Esta del árbol del bien
El fruto nos está dando;
Mas fruto tan dulce y blando
Siempre desprecia el varón;
Para el malo fué glotón,
Pero para el bueno? ¡Cuando!

CORO
Cuando llegará, etc.

Absalón:

El arcángel que anunció
De Jesús el nacimiento,
A ver este gran portento
A la mujer no llamó;
¿Y por qué? Porque previó
Que saldría murmurando,
De la Virgen, y contando
De José alguna mengua.
Pues tiene tamaña lengua;
¿Y podrá negarlo? ¡Cuando!

Zefalia:	No se llamó a la mujer
	A ver este Sol naciente,
	Porque ella espontáneamente
	A verlo debió correr.
	Al varón fué menester
	Traerlo a mecate, jalando,
	Porque siempre está pensando
	En mandar y en dignidades
	En beber y otras maldades;
	¿Y podrá negarlo? ¡Cuando!

CORO

Cuando llegará, etc.

Rutilia	De la hembra dijo Absalón
	Que tiene la lengua larga,
	Y llena de hiel amarga
	Para la murmuración;
	Y a fe que tiene razón,
	Pues él ha estado observando
	Que una a otra se están peleando
	Criadas, niñas y señoras;
	¿Y escaparán las pastoras
	De la pelancina? ¡Cuándo!

Débora:	También dijo del varón,
	Zefalia, que es codicioso,
	De revolución deseoso
	Y casi sin religión;
	Y a fe que tiene razón,
	Pues no hay uno de este bando
	Que no suspire por mando,
	Diputación o alcaldía;
	Corren a la picardía;
	¿Pero a ver al Niño? ¡Cuando!

CORO

Cuando llegará, etc.

ESCENA VI
DICHOS. —LA DESPEDIDA

Olimpia:

Loores al Niño cantando,
Bien es que nos retiremos.

Débora:

Pero mañana volvemos
A continuar con el Cuándo.

Rutilia:

Antes que raye la aurora
Esparcid estas noticias.

Serafila:

Yo voy a pedir albricias
A Noemi y a otras pastoras.

Zefalia:

Pues a la marcha

Rutilia:

Al camino.

Serafila:

A mi cabaña marchemos
Y el último adiós cantemos
Al infante peregrino

(Cantan el primer cuarteto al Niño y el segundo al auditorio:)
¡Adiós, Niño adorable,
Adiós, tierna doncella,
Anciano venerable,
Adiós, Adiós, Adiós!
¡Adiós, que ya partimos,
Y al auditorio noble
Las pastoras pedimos
Perdón, perdón, perdón!

CARLOS GUTIÉRREZ

El autor de la biografía de Fray Bartolomé de las Casas, obra que mereció un brillante prólogo de Emilio Castelar, comenzó su carrera pública como Secretario de la Corte Suprema de Justicia de Tegucigalpa.

Mientras prestaba sus servicios en ese puesto, a pesar de que era tenido como estrafalario y loco, escribió y publicó sus primeros versos.

Más tarde, en Inglaterra, Lord Lytton lo elogió como literato, y Disraeli celebró su gran tacto diplomático, lo mismo que Humberto I en Italia; y fue aplaudido en España por su talento y abundantes conocimientos en muchos ramos científicos.

A LA MUERTE DE UNA NIÑA

No longer in sorrow his young heart repines,
For death's icy finger his eyelids have closed.

The Orphan's Dream

Diste tu último gemido,
Niña hermosa e inocente,
Como acaba en el ambiente
Del favonio el suspirar.
Casta y angélica y pura
Como un serafín del cielo,
Tú desdeñaste este suelo
Para ir con Dios a habitar.

Cual la flor que se marchita
Fragante, tierna y lozana,
Al principiar la mañana
Que nacer la contempló;
Como un astro que se eclipsa
Cuando apenas aparece;
Cual barquilla que perece
En el mar que se lanzó.

Aun en tu frente no había
El dolor puesto su sello;
Tu rostro, cándido y bello,
Sólo expresaba el placer.
Ni sintió tu blando seno
Del amor la ardiente mano,
Ni en su dominio tirano
Tú te viste nunca arder.

¡Ah! Si el destino te hubiera
Para tu mal conservado,
¡Oh, cuánto hubieras llorado
En funeral lobreguez!
Mas fueron breves tus días
Pasados en la inocencia,

Y bajo su dulce influencia
Feneciste en tu niñez.

Tú te enlazabas al cuello
De tu madre cariñosa,
Sin presentir temerosa
La hora postrera y fatal;
Sin agitarse tu mente
Frenética, agonizante,
Aguardando aquel instante
Tan temido del mortal.

Hasta el último momento
En tu azulada pupila,
Y en tu faz pura y tranquila
Se conservó la quietud.
Y ya lívida, extendida,
Entre el horror de la muerte,
Me pareces aún inerte
Durmiendo en tu ataúd.

¡Feliz, porque ya pasó
La dura prueba tan presto,
Y porque el hado funesto
Jamás oprimió tu sien!
¡Feliz, porque fue tu alma
Como los ángeles pura,
Como la flor prematura
Que se meció en el Edén!

¡Oh, sí! ¡Mil veces feliz,
Que esta tierra de laceria,
De vanidad y miseria,
Por siempre dejaste ya!
Ahora ¡oh, niña! descansa,
Y estos tus caros despojos
Reciban hoy de mis ojos
El lloro de la amistad.

Bien hayas tú, que ya estás
De angustias tantas exenta:
Ni del mundo te atormenta
La perfidia y el rencor,
Ni del déspota la saña
Con férrea garra te oprime,
Ni tu tierno pecho gime
Sumergido en el dolor.

Que es la existencia del hombre
En esta tierra de azares,
Un compendio de pesares
Y de espantoso gemir.
Una serie continuada
De congojas y de penas,
Donde los goces apenas
Llegan tal vez a lucir.

Mas tus horas placenteras
Resbalaron blandamente,
Como el agua de la fuente
Por en medio de un vergel.
Jamás hirió tus oídos
Un grito de desventura,
Ni de un cáliz de amargura
Apuraste tú la hiel.

Bella como bello lirio
Que en una pradera crece,
Y muellemente se mece
Como el aura matinal,
Ya pálida sucumbiste,
Demudada, macilenta,
Ante la saña violenta
De un horrible vendaval.

¡Oh! ¿Quién dijera a tu madre
Cuando en su ardiente terneza
Esa tu rubia cabeza

Estrechaba con fervor,
Que bien presto la vería
Exánime, fría, yerta,
Con su hermosa tez cubierta
De palidez y de horror?

¡Ay! que era ingenua tu frente
Y hechicera tu sonrisa,
Muy más grata que la brisa
Sobre las ondas del mar.
Y tu acento resonaba
En el maternal oído
Cual inefable sonido
De algún arpa celestial.

¡Ángel divino del cielo!
En paz por siempre reposa,
Mientras tu madre amorosa
Gime y se agita por ti;
Mientras que trémula y mustia
En tu losa funeraria,
Eleva a Dios su plegaria
Con amargo frenesí.

ROMANCE

Adoro una bella
Y tierna deidad,
De mórbido cuello,
De ardiente mirar.
Su frente es más pura
Que albor matinal,
Que el cáliz virgíneo
Del blanco azahar.
Su seno es de nieve
Y rosas su faz,
Y cándidos lirios
Su sien virginal.

Su planta es ligera
Cual aura fugaz,
Si quiere en la danza
Su garbo mostrar.
Su acento adormece
Al raudo huracán;
Enfrena y halaga
Las iras del mar.
¡Oh, cándida virgen!
¡Oh, ingrata beldad!
¡Ay! fija en mi pecho
Tu dulce mirar,
Y ponle la mano,
Y entonces verás
Que a ti solamente
Rendido amará.
Dime, ¿no le sientes
Por ti palpitar?
¡Oh! di, ¿no te mueve
Su acerbo penar?
Sí, Elvira; ¡te adoro!
Y nunca jamás
Tu angélica imagen
Se me olvidará.

Que tú eres mi gloria,
Mi hurí celestial,
Mi vida, mi cielo,
¡Mi felicidad...!

1847

JUSTO PEREZ

Nació en Tegucigalpa, el 28 de mayo de 1830.

Fueron sus padres don Pedro Pérez y doña Purificación Escobar de Pérez.

Comenzó sus estudios en la Universidad de Honduras, los continuó en León de Nicaragua y los concluyó en Guatemala, obteniendo el título de Licenciado en Leyes.

En aquella capital contrajo estrecha amistad con el célebre poeta don Manuel Diéguez y Olaverry, quien hacía alto aprecio de las composiciones poéticas del señor Pérez, como puede verse por el siguiente soneto, que tiene fecha 17 de enero de 1845:

A MI AMIGO JUSTO PÉREZ

Prosigue, amigo, la difícil vía
Que conduce a la fuente de Hipocrena,
Ya que Apolo te dio fecunda vena
Y a tus versos, dulzura y armonía.

Feliz quien, como tú, tiene poesía
Con que aliviar su roedora pena:
Triste, cual yo, quien tiene el alma llena
De cruel dolor, de inspiración vacía!

Tú al menos hallarás algún consuelo
Al componer tus versos amorosos;
Y yo, infeliz, en silencioso duelo
Sólo puedo expresarme... con sollozos,

Porque a sentir me encuentro condenado
¡Y el apolíneo don me fue negado!

El señor Pérez regresó a Honduras en 1846.

Veinte años después tuvo la desgracia de perder la razón, y la ha recobrado hace poco tiempo. En la actualidad se entretiene todavía en componer versos y en traducir del latín y del francés, idiomas que aprendió con perfección.

A pesar de su larga enfermedad mental, no ha padecido en manera alguna su prodigiosa memoria.

AL BENEMÉRITO GENERAL PRESIDENTE DON TRINIDAD CABAÑAS

Loores mil, placenteros y alegres,
Hoy con gusto se elevan al cielo,
Al mirar que la paz y el consuelo
Por un lustro la Patria va a ver.
No un tirano hemos visto que sube
A regir los destinos de Honduras,
Que es un hombre que sólo dulzuras
Con su mano nos viene a ofrecer.

Por doquiera en su mano ha llevado
Tremolando el pendón nacional;
No como otros su bien personal
Ha querido tan sólo mirar.
Que es Cabañas un hombre sincero,
No falaz su opinión, su programa;
Y en su pecho está ardiendo la llama
Por la unión de la Patria lograr.

Si se ha visto en el campo de Marte,
Mil laureles ciñeron su frente,
Sin que sangre nuestro héroe, inocente,
Una vez la haya visto correr.
Que en la lid la virtud lo acompaña,
No el furor ni la sed de venganza,
Ni tampoco le agrada matanza,
Porque en esto no encuentra placer.

Loor eterno este pueblo prodiga
De la Patria al primer Gobernante,
Al soldado más firme y constante
Y empeñado en unir la Nación.
Como amante a los pueblos ya llega;
¡Que nos halle con brazos abiertos!
De placer, de contento cubiertos,
Celebrando su fausta ascensión.

1853

TRISTEZA

¿Dónde están los placeres que un día
A tu lado, mi bien, disfrutaba,
Y el delirio de amor que embriagaba
Con dulzura mi triste vivir?
¿Do la voz que en acentos divinos,
Armoniosos y llenos de encanto,
De mis ojos hicieron que el llanto
A torrentes se viera salir?

Todo en vano lo busco, y no encuentro
Ni el placer, ni la dicha y ventura,
Porque el ángel que amé con ternura
Todo, todo al olvido lo dio.
Sólo queda un recuerdo en mi pecho,
De fugaces y alegres visiones,
Que otro tiempo, formando ilusiones,
Anegado en placeres se vio.

Y al presente, agobiado de penas,
Sólo miro que es triste mi suerte;
Y en la guerra, buscando la muerte,
Si la encuentro, seré yo feliz.
Pues la vida querer yo no puedo
Mientras piense en la ingrata que amara,
Que ella un día mi afecto burlara
Para hacerme por siempre infeliz.

AUSENTE

Partí, mi bien, del suelo que idolatro
Porque el sonido del clarín me llama;
El fuego ardiente del amor me inflama,
Pero forzoso era a la lid partir.
Llevo tu imagen por doquier grabada,
Y en el combate me dará laureles,
Y los eriales tornará en verjeles,

Y dulce y grato me será morir.

Pero la ausencia de tu lado amable
No hará que olvide un juramento eterno;
Y si volviere, con amor más tierno,
Mi bien, no dudes, te he de idolatrar.

Tu sien ornada se verá del lauro
Que yo consiga si triunfante vengo,
Que nada es mío: todo cuanto tengo
A ti lo quise con amor brindar.

Contigo unido para siempre, entonces,
Gozando juntos de felices días,
Nuestros pechos las crueles agonías
De la ausencia otra vez no sufrirán.
Y entre tus brazos, de ventura lleno,
Envidia habremos de inspirar al mundo,
Porque unidas verá, en su amor profundo,
Almas que juntas al sepulcro irán.

SÁFICOS

Yo de una madre que mi pecho adora,
Y de una cuna que nacer me viera,
Me hallo distante, y en continuas penas
Gimo y suspiro.

Sin otro objeto que mis penas calme,
Recuerdos tristes mi memoria ocupan,
Que abriendo heridas a mi tierno pecho
Cruel le devoran.

Mi edad primera, que gocé felice
En el regazo de mi madre amada,
Ni rumor leve...

Sólo un consuelo a mi existir le queda,
Que calme un tanto mi dolor profundo,
Y es la esperanza de que a ver mi madre
Torne yo un día.

Guatemala: 3 de junio de 1845

PASÓ LA PRIMAVERA

Pasó la primavera
Que con fragantes flores
Alegre me brindaba
Sus plácidos olores.
Entonces en el prado
Sus dichas gozaba,
Con la beldad divina
A quien mi pecho amaba.
Aquel árbol frondoso
Que en el llano se ve,
Testigo uno y mil veces
De nuestra dicha fue.

Allí, con grande gozo,
De flores mil tejía
Coronas que a las sienes
De mi amada ceñía.

Recuerdo de sus labios
La encantadora risa;
Recuerdo su cabello,
Que ondeaba con la brisa.

Recuerdo, en fin, que entonces
Nuestro placer divino
No era, como hoy, turbado
Por el fatal destino.
Destino que me roba
Mis plácidos amores,

Cual el otoño arranca
De su jardín las flores.

Guatemala: 9 de junio de 1845

A UNA NIÑA

Dime, niña, ¿qué es tu signo,
Si tu vida es transitoria?
¿No piensas tú que la gloria
Se ha fundado en el amor?

Si hermosa eres, todo viene
A parar en que algún hombre,
Diminutivo tu nombre
Te lo exprese con amor.
Si eres fea, también digo
Que cualquiera te dirá
Mil requiebros, y te hará
La cortesía de amor.
Al ser mística, también
No hay quien deje de decir:
"Esta niña me ha de oír
Varias cositas de amor."
A las indias varios grandes
Se dirigen con placer,
Porque es esto merecer
Las delicias del amor.
Al casado (salvo alguno)
No le basta su mujer,
Porque piensa que el placer
Está fijo en otro amor.
Se trabaja con empeño
Y el dinero hasta se roba,
Calculando en que una alcoba
Se abrirá luego al amor.
A las armas vamos muchos,
Y galones conseguimos;

Todo aquesto es que perdimos
El juicio por el amor.
En fin, todo lo que se hace
Como digo, viene a ser
Que en el hombre y la mujer
Lo que se hace es por amor.

UN SUEÑO

En medio de la noche
Yo miro en mis ensueños
A la beldad divina
Que fuera mi recreo.

A su lado respiro
El placer y el contento,
Olvido mis pesares
Reclinado en su seno.

En su angélico rostro
No veo ya aquel ceño
Que fuera cruel presagio
De mi agudo tormento.

Porque al presente sólo
Lo miro muy risueño;
Quizás de mis pesares
Compadecióse el cielo.

"¡Soy dichoso!" —yo exclamo—
"Siempre estaré contento,
Pues que no habrá dolores
Que turben mi recreo."

Mas, ¿qué digo? No hay nada;
¡Que todo fue un sueño,
Y al despertar yo busco
Lo que jamás encuentro!

MI ESPERANZA

Dulce esperanza mía,
Que jamás has llegado
A un pobre infortunado
Que anhelándote está.
Tú eres la que mantienes
Mi existencia penosa
En la mar borrascosa
En que bogando va.

Pero jamás he visto
Yo la aurora risueña,
Ni tampoco a mi dueña
Mi dolor suavizar.
¡Jamás seré dichoso,
Jamás tendré ventura,
Pues todo es amargura...!
¡Ya no más esperar!

1852

A UNA ROSA

Rosa que de las manos
Más bellas y más puras
Vienes mis amarguras
Suavemente a calmar;
No a marchitarte llegues,
Ni acabe tu fragancia;
Mi triste y sola estancia
Ven por siempre a alegrar.

La esperanza renace
Si tu cáliz yo miro,
Y entonces un suspiro
Exhala el corazón;
Porque amando he vivido
A la beldad divina,

Que fuera la que anima
Mi vida y mi razón.

Vive, pues, en mis manos,
¡Oh, rosa delicada!
Y nunca marchitada
Te llegue yo a mirar;
Que eres retrato digno
De la mujer más bella,
Y tú verás que en ella
No dejo de pensar.

10 de marzo de 1854

AL SEÑOR PRESIDENTE DON VICTORIANO CASTELLANOS

De la doliente Patria el clamor lúgubre
Y de anarquía el grito funeral,
Arrebatados por el viento rápido
Por todo Honduras se oyen resonar.

Repite el eco el estridor horrísono
Que salva el Lempa y llega al Salvador,
En pos del Genio, del varón libérrimo
A quien aclama toda la Nación.

Se halla en su lecho, moribundo y pálido,
Tocando al linde de la Eternidad,
Pero aún palpita el corazón patriótico
Del hondureño que buscando va.

El grito patrio, cual remedio mágico,
Templa la saña de su cruel dolor,
Y de Lempira, ínclito aborigen,
Toca la tierra que nacer le vio.

No quiere huestes ni el apoyo bélico
Que le brindara brazo fraternal,
Y heroico y solo se presenta impávido
A do le llama el voto popular.

Brilla en su mano, no el escudo aurífero
De los guerreros, ni la espada, no;
Brilla la antorcha refulgente y vívida
Que al libre guía: la Constitución.

Del suelo inmundo, do traidor un déspota
En mil fragmentos la arrojó, inmoral,
Él la levanta, pues que son sus páginas
Los mil soldados con que va a triunfar.

Llega, y al punto la anarquía indómita
Huye al abismo de donde abortó,
Y una era bella, de ventura, plácida,
A Honduras brinda libertad y unión.

¡Oh, Castellanos! escucha hoy los cánticos
Que el pueblo entona con ferviente afán,
Que son sus ecos el sentido pláceme
Con que saluda tu pendón triunfal.

Y tú, ¡oh Patria!, que tu aspecto lóbrego
Miras tornarse lleno de esplendor,
Acoge grata sus gloriosos vítores
Al estridente tiro del cañón.

Febrero de 1862

A LA INDEPENDENCIA DE CENTROAMÉRICA

En el Antiguo Mundo, do está la maravilla
Que lleva allá en la historia por nombre el Escorial,
Fernando e Isabel, monarcas de Castilla,
Del gran Colón abrían el mapa de su ideal.

Dudaba el Rey católico, reía el cortesano,
Del náutico impertérrito en befa y en baldón;
Mas la mujer heroica, que es gloria del hispano,
De América miraba la espléndida región.

Diamantes y rubíes, topacios y zafiros,
Y todas sus preseas por oro hace cambiar;
Y al ínclito marino, que espera entre suspiros,
"Tomad —le dice—, oh genio, ¡lanzaos a la mar!"

Colón se torna extático, al cielo alza sus ojos,
Y al Dueño de los mundos se eleva en oración...
Y ante la egregia dama, postrándose de hinojos,
Ofrece a su corona de América el florón.

De su estupenda idea desplega la bandera
Que ibéricos campeones agitan ya en Madrid...,
Subyuga de la ondina la omnipotencia fiera,
Y el mar salva, buscando conquistadora lid.

Llegó..., posó su planta en la virgínea tierra
Do el ínclito aborígene vivía con dulzor,
Y al bosque y la llanura encienden cruda guerra
Al soplo deletéreo del cruel dominador.

Por todas partes se oyen gemidos pavorosos
De víctimas que tumba la lanza y el fusil;
Y del risueño Anáhuac los lares, presurosos,
Se ocultan a los ojos de la protervia vil.

El duro hierro agobia al triste Montezuma...
Las llamas calcinaron al gran Guatimozín;
Y ya el poder de Iberia al Nuevo Mundo abruma
En su ámbito grandioso, de aquél a este confín.

Y por tres siglos
Hórridas penas,
Entre cadenas,
¡Ay! ¡ay! lloró

La americana
Patria querida,
Que redimida,
Por fin tornó.

Que en los primeros lustros, de aquel que se renombra
El siglo de las luces en la cristiana edad,
El genio de Bolívar, que al universo asombra,
Asoma por los Andes, cual sol de libertad.

El rayo que despide el astro americano,
Cruzando el éter nítido se lanza al Setentrión,
Y aquella luz ignífera alarma al cruel tirano,
Y ruge de bravura el español león.

"¡Traición...!" —grita Fernando, el cruel liberticida,
Que así llaman los reyes a la ínclita virtud
Del pueblo que reclama la libertad querida
Con que al nacer le orlara la eterna excelsitud.

Del mar a las espumas se lanzan los galeones,
Hacia este continente surcando en pelotón,
Preñado el ancho casco de ibéricas legiones,
Cual el fatal caballo de la cantada Ilión.

Llegaron a estas playas, y en infernal batalla
La voz de independencia pretenden sofocar;
¡En vano!... que los libres, formando alta muralla,
Defienden victoriosos el nacional hogar.

Aquí y allá combaten, guiados por la gloria,
El inmortal Bolívar, y Sucre y San Martín,
Y su valor corona la espléndida victoria
Que brilla en Ayacucho y campos de Junín.

La fama en sus cantares, al centro de la América
Conduce como el rayo la voz de libertad,
Y en su estridor pregona que la potencia ibérica
Manchó de sus blasones la regia majestad.

El pueblo se levanta..., audaz..., alta la frente
Y grata entusiasmado: "¡Abajo!... ¡caiga el Rey...!"
La silla bambolea del opresor regente...,
Y sella presuroso la independiente ley.

Y en once lustros,
Mil patrios coros,
Cantan canoros
El bello anual;
Que hoy conmemora,
Gloriosa, ufana,
La americana
Patria central.

Del quince de septiembre la aurora rubicunda,
Las auras perfumadas y en el cénit el sol,
La aureola son divina, que a la Patria circunda
En hora venturosa que arroja al español.

Hoy abre su albo seno el álbum de la Historia,
Y anota de aquel día, glorioso e inmortal,
La grata y embriagante, faustísima memoria
Por quien el bardo entona su canto liberal.

¡Oh, día el más vistoso..., el más fecundo y grande
De cuantos lleva el tiempo en su eternal correr!
Tu vívido recuerdo, del pueblo el alma expande,
Furtivas ilusiones brindándole doquier.

Gallardo..., erguido, ondea en gigantesca pica
El símbolo del libre, el blanco-azul pendón,
Que el general aplauso saluda y dignifica
Al retumbar sonoro del tiro del cañón.

Rodead esa bandera..., el límpido oriflama
Que Valle y sus patricios alzaron tan gentil,
Del plácido septiembre en la feliz mañana
En que las patrias flores volvieron a su abril.

¿Por qué no es ella sola la que única sombrea
Las cinco agrupaciones, parodia de Nación,
Con que este centro hermoso su esplendidez afea,
De su grandeza y gloria en mengua y en baldón?

Hoy entre los festejos, con vuestros gratos loores,
¡Oh, pueblo!, una plegaria al almo Ser enviad,
Porque el fraterno lazo de americanas flores
En fuerte unión afiance su augusta libertad.

Enviad entre el incienso, que hasta el zafir hoy suba,
Ardiente..., fervorosa..., patriótica oración,
Porque también sus hierros quebrante heroica Cuba,
La estrella solitaria, que aún gime en la opresión.

15 de septiembre de 1875

EN LA MUERTE DEL ILUSTRE PATRIOTA DON VICTORIANO CASTELLANOS

¡Qué lobreguez... qué torvo el horizonte...!
¡Pálido el sol, su vividez oculta
Y en parda nube su esplendor sepulta...!
¡Mustio está el prado... la llanura... el monte!
Y entre las flores
El aura pura
Triste murmura,
Euro suspira,
Y de mi lira
Lleva el sonido
Que, dolorido,
¡Va a penetrar en la mansión profunda
Que todo un pueblo con su llanto inunda!

¡Todo es pavor...! ¡Fatídica tristeza...!
¡El templo viste fúnebre ornamento,
Y sus clamores lanza al firmamento...!
¡Llora el anciano, la infantil criatura...!

Todo es congoja
Y hórrido duelo,
Y al terso cielo
Plegaria ardiente
Y reverente
El pueblo envía
En este día,
Que roba a Honduras —¡ay!— su genio pulcro,
Su salvador hundiendo en un sepulcro.

¡Murió...! ¡Allí está el genio Castellanos,
Exangüe y yerto en fúnebre ataúd...!
Murió... allí está... modelo de virtud,
Bello ejemplar de grandes ciudadanos.
¡Ay! ¡Ay! la Parca
Que al orbe espanta,
En su garganta
Descargó fiera
La hoz certera;
Y fementida
Dejó su vida
Al hombre providente, que en febrero
Heroico supo darla a un pueblo entero.

Gime la Patria... pabellón luctuoso
Suspende triste en símbolo de pena,
Del inflamado bronce el eco suena
Con estridor profundo y pavoroso.
Justo es que sienta
De amarga angustia
La cuita mustia:
Justo es su llanto
Y su quebranto,
Pues hoy el hado
Fiero ha eclipsado
El astro cuya luz —esplendorosa—
Vino a alumbrarle en noche tenebrosa.

¿Por qué, Jehová... Señor... Creador eterno,
Plugo a tu sacra, augusta omnipotencia
El estambre cortar de la existencia
Del que escogido fue, Moisés moderno?
Si del egipcio
Viste fluctuante
Y vacilante
La fe en tu amor,
De este —¡oh, Señor!—
Sincera y pura
Voló a la altura;
¿Por qué, pues, no quisiste coronara
El patrio bien a do se encaminara?

¡Perdón, oh Dios! perdón si el plectro mío,
Arrebatado por dolor tirano,
Penetrar ha querido hasta tu arcano,
Mísero, audaz y en loco desvarío:
Y haz que tu gracia
Descienda a Honduras,
Sus amarguras
Tornando en bien;
Y que al Edén
Que has prometido
Al escogido,
Lleves gloriosa el alma del grande hombre
¡Que llenó el mundo de inmortal renombre!

Diciembre de 1862

LOS BICHOS
SONETO

Hinca la pulga su piquillo agudo,
La nigua excita comezón ardiente,
La chinche irrita al hombre más paciente
Y quita el sueño el zumbador zancudo.

El mosco, a la nariz trae el estornudo,
El piojo, la cabeza roe insolente;
Y en el mundo de Dios nunca la gente
Tener sosiego con los bichos pudo.

Pero el bicho mayor, el más dañoso
De cuantos el Creador puso en el mundo,
Es el adulador, logrero odioso,

Arrastrado escorpión, reptil inmundo,
Que con sólo el contacto de su lengua,
De los Gobiernos es oprobio y mengua.

A "EL AMERICANO"
SONETO

Atlético adalid del pensamiento,
Heraldo del progreso americano,
Emblema del valor republicano,
Corona de la América... ¡portento!

Tú de la voz levantas el acento,
Ocursor contendiente del que, insano,
Rebaja su civismo al indo-hispano,
Fecundo en los prodigios del talento.

Vive... y ostenta ante esa Europa anciana
A la América, joven, vigorosa,
Rica... ilustrada y de su ser ufana.
E inspirado por tu alma generosa,
Luchando con el hombre por el hombre,
Alcanzarás su inmortal renombre.

A LEONOR

Mira cuán bella la aurora
Allá en el oriente terso,
Descorre de oscura noche
El denso y hórrido velo;
Despertando su sonrisa
Al perezoso universo,
E impulsando de los seres
El activo movimiento.

Pues así bella eres tú,
Tierna, hechicera Leonor,
Que con tu sonrisa impulsas
Mi ciego, ardoroso amor.

Mira qué hermoso y luciente
El grandioso luminar,
Marcha en el diáfano cielo
Con su disco fulgural,
Derramando su luz pura
En este mundo de Adán,
Por doquier que le presenta
Su esferoide inmensa faz.

Pues así hermosa eres tú,
Tierna, hechicera Leonor,
Que con la luz de tus ojos
Abrasas mi corazón.

Mira cuán tierna y gallarda
La preciosa flor de lis,
Cual la reina de las flores
Se suspende en el pensil;
Presentando el bello cáliz
Al pintado colorín,
Que al derredor de su tallo
Sus alas viene a batir.

Pues gallarda así eres tú,
Tierna, hechicera Leonor,
Que al derredor de tus gracias
Torno de verlas, en pos.

Mira la luna argentada
Qué apacible y qué vistosa
Discurre por el espacio
Tras el sol que la colora;
Expandiendo su hermosura,
Que al alma embarga y arroba
La inspiración del poeta
En sus armónicas trovas.

Pues vistosa así eres tú,
Tierna, hechicera Leonor,
Que con tu aspecto me inspiras
Y me llenas de ilusión.

Mira qué lindo el canario
En encumbrado ciprés,
Canta tierno sus amores
En el florido vergel;
Embelesando melódico
Al afortunado ser
Que de escuchar sus acentos
Goza el dulcífero bien.

Pues así linda eres tú,
Tierna, hechicera Leonor,
Que me hechizas, me embelesas
Con tu dulcísima voz.

Mira qué brilla y deslumbra
El majestuoso arrebol,
En el límpido occidente
Cuando Febo allí se hundió;
Suspendiendo el pensamiento
Hasta la empírea región,

Al contemplar la grandeza
De su soberano Autor.

Pues así deslumbras tú,
Tierna, hechicera Leonor,
Que mi pensamiento encumbras
Hasta tu cielo, veloz.

Y pues Amor te ha mirado,
Tierna, hechicera Leonor,
Ponderosa maravilla
Que jamás el mundo vio;
Al compás de mi laúd
Que eres, mi canto diga hoy:
Aurora, sol, flor de lis,
Luna, canario, arrebol.

OVILLEJO

¿Quién me causa este dolor?
—Amor.
¿Se halla este amor en qué estado?
—Pagado.
¿Pero pagado qué tal?
—Muy mal;
En situación tan fatal,
La muerte yo imploro al cielo,
Pues así tendrá consuelo
Mi amor pagado muy mal.

EN EL ÁLBUM NACIONAL EL DÍA QUINCE DE SEPTIEMBRE DEL AÑO DE 1877
APÓSTROFE

¡Oh, aborigen magno... oh, gran Lempira,
Que duermes en el Cerquín sueño eternal...!
Escucha los acentos de mi lira,

Que a tu sepulcro toca
Y que evoca
Tu espíritu inmortal.

Aparta el nebuloso y gran sudario
Que tu ser cubre en su última mansión,
Que a Honduras llega el fausto aniversario
Del día en que a Dios plugo
El vil yugo
Romper de su opresión.

Aurora, con la luz de su fulgencia,
En el terso horizonte hoy dibujó...
La mágica palabra: ¡INDEPENDENCIA!
Y a esa grata memoria,
Su victoria
La Patria recordó.

De ese monte que guarda entre su flora
De tu heroísmo y gloria el esplendor,
Sube a la cumbre a contemplar ahora
Del indoamericano
Ciudadano
El gozo arrobador.

Oye de las matronas y doncellas
El hímnico, melódico cantar
Con que la ígnea visión saludan ellas,
Madres, hijas y esposas,
Venturosas
En el querido hogar.

Contempla ese simbólico oriflama,
Nuestro azulado y santo pabellón,
Que en su alta pica el patriotismo inflama;
Miradle allí ondulante
Y triunfante
De la soberbia Ilión.

Mira allá al niño, al hombre y al anciano
En el patrio festín ir por doquier;
Contempla al pueblo-rey, al soberano,
Que riente se electriza
Y desliza
En ondas de placer.

Mas ¡ay! que entre el incienso y los cantares
De nuestra nacional solemnidad,
Un recuerdo entristece nuestros lares:
El de haber mancillado
Y enlutado
La virgen Libertad.

Tú que moriste al pie de tu bandera,
Como el inca, el azteca, el cachiquel,
En cruenta lucha con la insidia ibera,
La Patria defendiendo,
Combatiendo
Las huestes de Isabel;

La voz levanta y lánzala estridente,
Que corra hacia el Anáhuac y hasta el Sud,
Interrogando al libre, independiente,
Si del republicano
Ciudadano
Practicó la virtud.

Y al grito aterrador de la conciencia
Responderá la América... "¡que no!"
Que al irradiar el sol de Independencia,
El mísero Egoísmo,
Con cinismo,
Su pendón levantó.

Que su brillante y majestuoso cielo
Oscureció el anárquico turbión...,
Y que gemía en angustioso duelo,

Su llanto confundiendo
El estruendo
Del rifle y el cañón.

Y que el nardo y el suche perfumados,
Fueron tintos en sangre... y marchitados
Por la mano precita
Y maldita
De la ambición desleal.

Pero el ¡ay! de la patria moribunda
El hijo despiadado oyó por fin...
Pasó el delirio, y hoy la paz le inunda
Con su céfiro blando,
Fecundando
Su espléndido confín.

Pasó el vértigo insano y fratricida
Que en afrentar la Patria tuvo afán...
Y hoy se ostenta tranquila, ennoblecida...,
Y en pos de su grandeza,
Con presteza
Corriendo todos van.

Honduras, redimido..., presuroso
Por la senda del bien se lanza audaz,
A impulsos del PATRIOTA PONDEROSO
Que su gloria enaltece
Y le ofrece
Honor, progreso y paz.

En tu nombre, ¡oh Lempira!, este gran día,
Conjura al hondureño mi laúd,
Al orden, al trabajo, a la armonía,
Que son las fuentes puras
De venturas,
De nacional salud.

Hondureños, amigos, ciudadanos

Que celebrando estáis la Libertad,
De vuestra gloria y bienestar ufanos,
Venid con fe sincera;
Su bandera
No mancillar, jurad.

Y en brazos del amor..., de patriotismo,
La Patria conducid al porvenir,
Y vigilad... no enturbie el Egoísmo
Con su hálito asqueroso,
Venenoso,
Su cielo de zafir.

FRANCISCO VAQUERO

Nació en Comayagua el 23 de julio de 1849.

Su padre, el General don Vicente Vaquero, se trasladó con su familia a El Salvador, y allí recibió e hizo sus estudios don Francisco, habiendo obtenido en temprana edad el título de Abogado.

El señor Vaquero ha escrito para muchos periódicos, fue uno de los redactores de El Cometa, y ha desempeñado importantes puestos públicos en aquella nación hermana, entre otros, el de Juez de 1ª Instancia del Distrito de San Salvador.

A HONDURAS

I

¡Salud, patria de amores, de luz y de poesía!
Mi mente en sus ensueños feliz siempre te vio;
Mi pecho palpitante de amor, en su agonía,
Por ti blando suspiro, por ti siempre lanzó.

Recuerdo cuando niño corría en las praderas,
Surcaba tus riachuelos, jugaba en tus mansiones;
Recuerdo cuando joven, tus hijas hechiceras
Llenaban mi cabeza de dulces ilusiones.

Por eso yo te amaba, por eso ora te amo,
Y al pronunciar tu nombre yo siento gratitud;
Por eso a todas horas y por doquier te llamo,
La maga de mis sueños de amor y juventud.

Por ti, mi bella patria, que altiva te levantas,
Mandando a dos océanos sus olas sacudir;
O bien cuando al arrullo de inspiraciones santas
Sobre esas mismas olas te sientas a dormir;

Por ti tan sólo quiere un hijo de tus lares,
Que tu azulado manto no cubre un lustro ha,
Alzar en otro suelo sus tímidos cantares,
Pidiendo a Dios en ellos, por ti, felicidad.

II

¡Felicidad! ¡Oh, sí! Yo la deseo
Para esa tierra que miró Colón,
Y en cuyo seno refulgente veo
Las grandezas de toda la creación.

Allí la vida corre dulcemente
Al soplo del amor y la virtud;
Allí el magnate, al par del indigente,
Revelan de sus almas la quietud.

Allí hoy se mira la potencia humana
Luchando por unir dos grandes mares
Con un ferrocarril, que centenares
De leguas salve en sólo... ¡una mañana!

Esa obra colosal con que soñaran
El ilustre Alvarado, el gran Squier,
Será el férreo nudo en que se ataran
El siglo de hoy con todos los de ayer.

Allí natura pródiga se ostenta,
Rindiendo al hombre frutos regalados,
Que un sol hermano, tropical, calienta,
De luz bañando los alegres prados.

Óyese en éstos la armoniosa nota
De mil zenzontles, mirlos y quetzales,
Que juguetean en la ceiba ignota
Do se guardan del bosque los anales.

III
También, poblados de animales varios
Están todos los montes;
Y los valles, de bellos horizontes,
Riega el Ulúa con sus mil sectarios.

El gran Guayape, de correr sonoro,
Y sus ríos afluentes
Son la heredad preciosa de las gentes,
Que en sus arenas ven... ¡arenas de oro!

En todas partes tu riqueza admira,
¡País de bendición!
Y semejante a aquel de Promisión,
En tu seno la dicha se respira.

IV
Pero ¡no! que esa dicha, aleve, insano,

Suele lanzar en ignorado abismo
De la ambición el monstruo sobrehumano,
Que oculta siempre su deforme mano
Bajo el velo del puro patriotismo.

Es la ambición, Honduras, de unos cuantos,
La que tus miembros todos envenena:
La que envuelve en atmósfera de espantos
Esa tu linda atmósfera de encantos,
Cuando la paz tus horizontes llena.

¡La paz!... ¡la dulce paz! mi cara Honduras:
He allí el poderoso talismán
Para todas tus crueles desventuras;
Y como huyen del sol nieblas oscuras,
A la vista de aquél, éstas huirán.

¡Asegúrala, pues!... y con su égida
La empresa que hoy, ilusa al parecer,
Te quiere levantar a mejor vida,
No muy tarde verás —¡oh, sí!— concluida
¡Y otra nación a las naciones ser!

V

Tu pueblo tiene libertad, nobleza,
Amor al bien, a la virtud, la ciencia;
De sus grandes derechos, la conciencia,
Y del Dios-hombre la verdad profesa.

Con tantos elementos de grandeza,
Yo te auguro un brillante porvenir:
Yo espero que muy pronto ha de ceñir
La corona de gloria tu cabeza.

Por eso ansío con afán ardiente,
Bajo el deseado manto de la paz,
Verte un día, feliz, culta, potente...
¡Hermoso día, acércate fugaz!
¡Quiera tu sol iluminar mis ojos,

Y después... en mi patria... mis despojos!

JEREMÍAS CISNEROS

Pocos hondureños se han dedicado con tanto afán al cultivo de las letras como el señor Cisneros.

Ha escrito mucho, así en prosa como en verso. No descansa un instante. El tiempo que no emplea en los negocios mercantiles lo consagra a importantes estudios filosóficos, sociales y políticos, al estudio de los clásicos españoles y a la labor literaria.

Su poema Lempira indica las tendencias del señor Cisneros a la creación de una literatura nacional. Ya él comenzó. Es menester que le sigan otros por ese camino.

Sin el poema Celiar de Magariños Cervantes, la literatura americana no contaría hoy, acaso, con Tabaré de Zorrilla de San Martín.

De desearse es que Lempira, como ejemplo, dé origen en Honduras a un poema nacional en que resplandezcan los antiguos tiempos, ricos en episodios y rasgos brillantes y heroicos, que revelan el vigoroso espíritu que animaba tanto a los aborígenes como a los conquistadores.

LEMPIRA

LA CONQUISTA

I

Aquí, sobre las cumbres del Congolón gigante,
Domínase, a lo lejos, el vasto litoral
De un pueblo generoso, de vida exuberante,
Do tuvo el primer templo la patria libertad.

Domínase el grandioso, risueño panorama
Que forman nuestros picos y crestas hasta el mar,
Los montes y los pueblos que el patriotismo aclama
Cual monumentos vivos de honor tradicional.

Allá, en lontananza, descuella la eminencia
De un monte celebérrimo, de histórico valor:
El gran Coyocutena, la egregia residencia
De aquél de la alta sierra, magnífico Señor.

El cerro es que ha ocultado su pórtico soberbio,
Las criptas y palacios que encierra en su interior,
Las joyas y tesoros bajo un secreto imperio,
Quizás hoy de difícil o vana inquisición.

Allí Lempira alienta, allí su reino se alza,
Allí la cruenta lucha se traba con furor,
Allí la España sienta de pérfida y de falsa
Indigno un precedente de eterno deshonor.

Mirad: aún se distinguen las obras seculares
Que acusan la estrategia cual fin de su erección,
Como en Cerquín, no lejos, al oeste, los sillares,
Con arte colocados, marcial destinación.

Y fue en Coyocutena do hubo combinado
De heroica resistencia su incomparable plan
Lempira, cuando supo que había traspasado
El español los lindes del reino de Copán.

Entonces, con presura, sus hombres eminentes
Congrega en asamblea; ya no hace distinción
De clases antagónicas; de bandos disidentes
Realiza, como medio supremo, la fusión.

Preciso es consignarlo: con lúcida elocuencia
Lempira hace el peligro cercano conceptuar;
Y todos, con respeto profundo en su presencia,
No osan ni aun siquiera sus labios desplegar.

Ferviente los exhorta a defender sus lares,
La integridad del suelo, su hogar, la religión,
Contra una raza extraña que atravesó los mares
Y trae en sus banderas el símbolo del León.

Seduce la apostura del héroe, la grandeza
Que muestra en su gallardo decir y continente;
Sombría es su mirada, mas habla con nobleza,
Furtiva deslizando la mano por su frente.

Lo exalta el patriotismo. Por víctima se ofrece
Primera en el combate que apréstase a librar;
Y el pueblo, que lo escucha con ansia, se enardece,
Jurándole su ejemplo seguir sin trepidar.

II

¡Oh pueblos! Cuántos siglos vivisteis ignorados,
Sin que del mundo antiguo llamaseis la atención,
Sin que vuestra existencia los pueblos avanzados
Hubiesen presentido siquiera antes de Björn.

Un genio extraordinario, que inspira Aquel que al
Girar hace en sus ejes de eterna rotación,
Ha visto en sus ensueños tu cielo rubicundo,
América, tu cielo radiante de esplendor.

Colón es más que un hombre. Tan altos pensamientos
En el cerebro humano no suelen ebullir,
Sino cuando son esos cerebros instrumentos
Que a fines providentes el cielo hace servir.

Mas ¡ay! cruel enseñanza será siempre en la historia
La suerte del ilustre cosmógrafo Colón:
El hombre que a Castilla colmó de honor y gloria,
La ingratitud lo colma de hierros y baldón.

Los mares atraviesa, cual malhechor, cargado
De grillos infamantes el gran descubridor;
Pero un clamor de ira del pueblo levantado
De los monarcas ruge terrible en derredor.

Y tiembla la realeza, y a reparar se apresta
Una ruindad que aún hace las lágrimas verter;
Porque la noble patria del Campeador protesta
Contra una infamia, hija de un español mancebo.

Por él —por el proscrito— tú, América, surgiste
Del fondo de una noche de eterna oscuridad;
Y aunque la triste herencia del nauta recogiste,
¡Tú enseñas hoy al mundo lo que es la libertad!

III

¡Silencio! Se oye un vago susurro de amenaza
Al lado de los montes que están al septentrión;
¿Qué es eso? Una avalancha de gente que traspasa
Las cumbres elevadas del alto Merendón.

¿Lo oís? Por ese lado, do asoma refulgente
El sol, toda la esfera bañando de esplendor,
Existen las naciones que llaman "de Occidente;"
De ahí son esos hombres, de allí es esa invasión.

Oíd: es como el eco de una lejana grita,
Y es sólo que, acercándose, los españoles van;
Ya cruzan los ramales andinos que limita
Celaké, que al oriente se yergue cual titán.

¡Alerta! que el hispano penetra cual torrente
Que inunda la campiña voraz, devastador,
Y él es quien el silencio perturba irreverente
De estos umbríos bosques do no penetra el sol.

La atlética estatura, las formas, la rudeza,
Presentan a esa raza de un tipo singular;
Y el cándido aborigen, absorto de sorpresa,
Ve la extranjera planta su suelo profanar.

Ya llegan a aquel valle que silencioso baña
Arcágual con sus ondas de nítido cristal,
Y exploran diligentes la próxima montaña,
Que abunda en los productos del reino natural.

¡Gracias a Dios! —exclaman con gozo extraordinario—
Al ver una planicie capaz de la ciudad
Que edificar proyectan cual punto intermediario
Que ha de servir de escala del uno al otro mar.

Allí se erige un pueblo. La exclamación piadosa
Que diéronle por nombre, consérvase hasta hoy;
Un pueblo que fue luego ciudad esplendorosa
Por las riquezas muchas que encierra en su redor.

IV

Montejo cree en Honduras su imperio cimentado
Y, ufano, se espacía allá en Valladolid;
Mas ¡ay! aquí, de "Gracias" muy cerca, un potentado
Indómito se yergue de Lempa hasta Cerquín.

Piraera se declara en actitud de guerra,
Y, Etempica, el Jefe, delega su poder
En el campeón Lempira, que jura de esta tierra
Las invasoras huestes valiente repeler.

Los Cares sus enconos deponen, y a Lempira
Prometen su concurso de fuerza y de opinión.
Todo el poder del reino a defender conspira
Los fueros de la patria, la fe, la religión.

Todo esto a los hispanos preocupa seriamente,
Y en germen el peligro propónense ahogar;
Montejo ordena a Chávez que salga con su gente
De Gracias, y proceda los indios a atacar.

¡Lempira! La lid llama, la lid con inminencia
Se ofrece a tus valientes... ¡Alerta, en guardia estad!
Cerquín ya fue invadido. Opón la resistencia
Que espera ese gran pueblo de ti con ansiedad.

Son pocos los hispanos. De una campal batalla
El éxito un problema no puede ser jamás;
No obstante que son hijos del pueblo que avasalla,
Después de cruenta lucha, al fiero musulmán.

Sagaces excogitan un medio conducente
A eludir la guerra que en perspectiva está,
Y, al cabo, ardid aleve les presta un expediente
Que debe el plan inicuo, de lleno, realizar.

Avístanse las fuerzas; Lempira, con firmeza,
Les dice a sus contrarios: "Los míos lidiarán
Con sobrehumano esfuerzo, con rígida entereza;
Si mueren cientos, miles su puesto ocuparán.

¡Abrid, pues, el combate!" Sobre un peñón clavado
Contempla de sus filas la inmensa multitud
Ante la cual se arredra el invasor osado,
De quien la altanería se torna en inquietud.

Cual bárbaras condena las luchas, e invoca
Del íntegro aborigen la magnanimidad;
De paz un blanco lienzo, cual símbolo, coloca
¡Hipócrita! en una asta que empieza a tremolar.

Proponen un arreglo. ¿Quién puede la perfidia
Temer de quienes llevan por lema la lealtad?
Lempira desconoce la cábala y la insidia,
Y espera en el hispano su hidalga fe encontrar.

Oh, sí, porque ese pueblo en su estandarte lleva
La insignia soberana del mártir de la Cruz,
Que tremoló creyente en la tremenda prueba
De que salió rompiendo la negra esclavitud.

El pueblo que ocho siglos lidió con bizarría
Por sostener incólumes su suelo y religión,
No puede dar la espalda, no, nunca, a la hidalguía
Y deslucir las glorias que forman su blasón.

Mas ¡ay! que tanto título a garantir no alcanza
De parte del hispano condigno proceder;
En el egoísmo estrecho inspírase y se lanza
Un atentado digno de oprobio a cometer.

De súbito a Lempira se acerca un parlamento
En cuya grupa oculta sus armas un dragón,
"¿Las bases —dice el héroe— de vuestro avenimiento?"
Y atruena el aire entonces mortal detonación.

Mortífera la bala del arcabuz amigo,
Que escuda el blanco lienzo, va pérfida a herir
El pecho del Caudillo que no llevó consigo
Arreos de defensa, que inútiles cree allí.

Vacila, y luego vese caer de la eminencia,
Rodando hacia el abismo, el cuerpo del Campeón.
¡Traidores! que así insultan tan noble resistencia.
¡Traidores! ¡de la Historia lleváis la maldición!

V

Más de setenta lustros hará que en esa peña,
Que existe aún en la falda del alto Congolón,
Pasó la inicua escena que narro; es la reseña,
El Haceldama eterno de un noble Paladión.

Esa es "Piedra-Parada", testigo enmudecido
Que vio de aquel suceso la negra realidad;
El pueblo le conserva su nombre y su sentido,
Que habrán de pasar íntegros a la posteridad.

"Ha muerto nuestro Jefe, ¡oh hijos de Etempica!
Los blancos hánle muerto sin acercarse a él" —
Dicen al caer Lempira. La voz se multiplica,
La confusión y alarma sembrando por doquier.

Sabed —la voz agrega— que un rayo le han lanza—
Do al gran Señor los blancos. ¿Debemos esperar
Que ordenen a las nubes abrir su seno hinchado,
Y hacer sobre nosotros sus rayos estallar?

¡Huyamos!" Y en desorden completo se desbandan
Los indios que al hispano reputan por un dios;
Los peones que obedecen, los jefes que los mandan,
Por ásperos barrancos discurren con pavor.

Del reino de Piraera concluida es la campaña,
Los indios se someten. La inicua trinidad
De Chávez, de Alvarado, de Cáceres, engaña
Al crédulo aborigen que explota sin piedad.

Rapaces arrebatan el oro de este suelo,
Tesoros y riquezas, con bárbara avidez;
En tanto que los indios, con hondo desconsuelo,
Se van a las cavernas y bosques a esconder.

Persíguelos, y aquellos que aprenden son tratados
Cual seres destituidos de espíritu y razón;
Cargados como mulos; condúcelos atados
Del cuello con anillos de hierro el vencedor.

Si mueren, su cerebro del tronco es separado,
Guardándose para otro la argolla tutelar;
Un indio no merece que sea sepultado,
Y arrojan sus fragmentos desnudos a un can.

Así se olvida el hombre de todo en la victoria,
Y ultraja los principios eternos de moral;
Y en la embriaguez del triunfo a la impiedad por gloria
Adopta como norma de un proceder brutal.

¡Dios mío! Yo no quiero tantísimos horrores,
Crueldades inauditas, como éstas, recordar;
Circula en mí la sangre de mis progenitores...
La Historia que los juzgue, la Historia es imparcial.

Sembrando sólo ortigas, malezas y cizaña,
El fruto a la semilla debió corresponder;
Mas ¡ay! la noble América no exige de la España
Sino el que unan los lazos de una íntima estrechez.

¡Oh sitio venerando! No quiero en este instante
Con lúgubres recuerdos mi mente contristar...
Yo vine a contemplaros solícito, anhelante,
Un infantil deseo propuesto a realizar.

Perdona si mi plectro no puede, desmayado,
De mi laúd las cuerdas estériles vibrar;
Si, al ver tanta grandeza, en vano, emocionado,
Un himno de ventura pretendo yo entonar.

¡Que vengan otros bardos, con su laúd sonoro,
Con la armoniosa lira, de inimitable son,
Tu espléndida belleza, de sin igual tesoro,
En cantos inmortales a dar a la Nación!

DESENCANTO

I

¡Cómo pasan, cuán veloces
Se deslizan en la esfera
Del recóndito infinito
Nuestras horas placenteras;
Esas horas bendecidas
Que, a medida que se alejan,
Tras el prisma del pasado
Fulgurosas reverberan;
Al revés de las de luto,
Horas lívidas y negras,
Que, con paso perezoso,
Un anciano —el Tiempo— lleva...!
Siempre rauda la ventura,
La desdicha siempre lenta;
Las sonrisas muy fugaces,
Las lágrimas duraderas...

¡Cómo torna el hado impío
Nuestro júbilo en tristeza,
Y la plácida alegría
En amarga efervescencia;
Y los lampos de oro y grana,
Que brillantes festonean
Nuestro cielo de zafiro,
En presagios de tormenta...!

¡Cómo hiélanse en el pecho
Las afecciones más tiernas,
Los lánguidos sentimientos,
La erótica vehemencia!
¡Cómo las flores del alma
—Cual en otoño hojas secas—
El cierzo del desengaño
Arrastra con inclemencia!

¡Cómo cae de las sienes
De la virgen la diadema
De rubíes, de topacios,
De azahares y azucenas,
Y en su faz se desvanece
La aureola que semeja
A querubes celestiales
Las criaturas imperfectas,

Cuando el ángel invisible
Que vigila su inocencia,
Sin misión ya, contristado,
Al Empíreo se regresa...!

¡Cómo al hálito del genio
Que preside las tinieblas,
La Natura un paroxismo
De agonía experimenta;

Y pálidas desaparecen
Las perspectivas más ledas
Que el horizonte dilatan
De la esperanza risueña;
Los mirajes encantados,
Las visiones de que puebla
La creadora fantasía
La concavidad etérea;

Los ideales más sublimes
Que arrebatan y embelesan,
Las imágenes radiantes
De esplendor y de belleza!

II

¡Dios eterno! Qué infelice
Es del hombre la existencia
Cuando carga con el féretro
De sus ilusiones yertas;
Cuando espectros pavorosos

En su espíritu aletean
Semejando en el espacio
A las aves agoreras;

Cuando no halla en el Sahara
De su vida ni una tienda
—¡Ya no oasis!— que en su marcha
Tormentosa le proteja;
Ni una mano que, impelida
Del cariño, le suspenda
Hacia el borde del abismo
Do lo lanza su demencia!

¡Qué desdichado es si hiere
Su corazón la saeta
De la envidia, y le sorprende
La sórdida inconsecuencia;

Si en la amistad la perfidia,
El cálculo vil encuentra,
Y en la virtud las ficciones
De hipocresía rastrera;

Si es la libertad, un mito,
Y vanidad la modestia,
Y máscara el patriotismo
De la ambición turbulenta;

Si la justicia una burla
Es del derecho sangrienta,
Y hasta la sabiduría
Ignorancia pedantesca;

Si es la gloria un espejismo
Engañador, en que riela
De la mente en desvarío
La aspiración sempiterna;

Si cuanto existe de santo

—Sentimientos y creencias
Del alma, las concepciones
Esplendorosas y excelsas—;

La pasión, desatentada
Con todo lo que la enfrena,
Lo hace el blanco de sus iras,
¡De su escarnio o de su befa!

III
En vano el mísero insecto
Que llaman hombre, protesta
Contra las leyes que rigen
La humana naturaleza;
En vano interroga al Cielo
Y al universo en presencia
De Espacio y Tiempo infinitos,
De la infinita materia;
En vano pregunta cómo,
De dónde y por qué anatema
Él se arrastra en este valle
De lágrimas y miserias;

Por qué la desgracia todo
Avasállalo en la tierra,
Y un gemido interminable
De todo el orbe se eleva;
Por qué se le dio la vida
—Dádiva cruel, funesta—,
Sin requerir su albedrío,
Sin recabar su aquiescencia;
Por qué ese duro castigo
Sin existir culpa previa,
Sin preceder el delito
Que justifique la pena;

Por qué... pero no, es delirio
La esperanza de respuesta,
Si un espantoso mutismo

En mares y abismos reina.
No hay armonía en la vida
Universal del planeta;
Un desorden sorprendente
Predomina por doquier.

La destrucción y la muerte
Todo lo amargan siniestras,
La catástrofe imprevista
Surge, y el pánico siembra.
El crimen triunfa; temblando
Vive oculta la inocencia;
Se ve la honradez proscrita,
La ruindad se recompensa...
¿Cuál es la ley de la vida?
¿De la moral cuál la regla?
¿Se cree posible una justa
Tardía palingenesia...?

Por todas partes al hombre
Oprime una fuerza ciega
Contra la cual reacciona
Siempre en balde su flaqueza.
La súplica fervorosa,
La inverecunda blasfemia,
La sacrílega amenaza
De una rebelión proterva;

La oración que se levanta,
Cual hostia, de la conciencia,
La imprecación más impía,
La plegaria más intensa,
Son lo mismo; nada alcanzan,
No consiguen que esa fuerza,
Impasible, inexorable,
Se desvíe o retroceda.

Existe el mal. Permanente,
Terrible, fatal, sin tregua,

Azota al mundo, envidioso
De que la paz prevalezca.
Cual un poder que contrasta
La acción de la Providencia,
Labrando la desventura
De la humanidad no cesa.

Se dice que nada existe
Sin la voluntad suprema;
Que la hoja débil del árbol,
Sin su permiso, no tiembla,
Y no se ve que eso entraña
Aterrador un dilema:
—Que el mal, o viene del Cielo
—Absurdidad estupenda—
O que hay de parte del Cielo,
Para destruirlo, impotencia;
—Absurdo peor, que el enigma
Más indescifrable deja.

Si es la verdad imposible,
Es nugatoria la ciencia,
Y la razón en un báratro
De confusión se despeña.

IV

Ese es el hombre: miradlo:—
Un átomo de materia
Animada por un soplo
De incógnita procedencia;
Un eslabón desunido
De la atávica cadena
De vertebrados, que arranca
Del zoófito su existencia.

¿Qué es la vida? ¿Dónde nace,
Dónde muere su ola eterna?
Él lo ignora, y, confundido,
Mira a lo alto, y se prosterna.

Actitud que un homenaje
Grave y digno representa
Del universo infinito
A la majestad severa.

Gracias, 1897

AL TRABAJO

A Don Francisco Ulloa Mata

¡Salve, generador del adelanto,
Del progreso en todo orden, condición!
¡Salve, iris de paz, de bienandanza,
Primera ley que emana del Creador!

Ley de admirable economía, entraña
En sí solemne y práctica sanción:
Miseria y mal se sigue a su quebranto,
Y, a su observancia, el bien y la fruición.

Ley a que el orbe sometido se halla,
Sin que sea dable a nadie su elusión;
Rige a los seres que la vida alientan
Desde el reptil humilde hasta el cóndor.

Cuanto de bello encierra y esplendente
En líneas, luz, verdad y animación,
El gigantesco cuadro que compendia
La portentosa humana evolución;

¿Qué es sino la obra hermosa del trabajo,
Que al hombre-esclavo torna en redentor?
¿Qué es sino el firme, recto cumplimiento
De esa gran ley de regeneración?

El alma humana atónita contempla,
Con inefable y muda admiración,

La inmensurable serie de prodigios
Que realizado ha el hombre en su labor.

Mas ¿cómo se halla en el planeta el hombre?
¡He allí la abstrusa, insólita cuestión!
¿Viene del huevo? ¿Comenzó por larva?
¿Tuvo una breve o larga incubación?

¿La vida misma universal dó nace?
¿Cómo a mostrarse múltiple empezó?
¿Ánimo tuvo la materia siempre,
O recibió en el tiempo animación?

¿No fue la espesa banda de zoófitos
Que de los mares cubre la extensión,
De ese principio misterioso el germen,
El protoplasma o primitivo embrión?

¿De ahí es que surge el tipo originario
Que, monstruo, informe, se resuelve en dos,
De los que salen las especies todas,
Del transformismo lento por la acción?

¿También el hombre, en esa gran cadena
De las especies, forma un eslabón
Roto, pues falta el tipo intermediario
Entre el gorila, y él, de transición?

Vertiendo a mares de su noble frente
El fecundante y cálido sudor;
Doblando el dorso y la cerviz altiva,
Los músculos y nervios en tensión;

El primitivo insecto se levanta
A deslumbrante altura, superior;
Llega a explorar las simas insondables,
Y escala audaz del éter la región.

Imaginaos lo que fue en su origen:
Completamente huérfano del don
De la palabra, y de todo otro signo
Con qué expresar la interna sensación.

Sorpreso, absorto, en el primer instante
De su ignorada, extraña aparición,
Debió mirar perplejo el horizonte
Cual si saliese entonces de un sopor.

Fue menos apto que el abyecto paria;
El paria, al menos, vio un predecesor.

Tuvo un ejemplo, recogió una herencia;
De alguien los pasos sigue; el hombre no.

Sin guía alguno, su escabrosa senda
Empieza a hollar y lucha con tesón
Para vencer a la natura abrupta
Que contemplar no puede sin pavor.

Para llenar aquellas exigencias
Fundamentales en su ser, pasó
Siglos muy largos, en que apenas usa
Del natural lenguaje en formación.

Para arreglar brevísimo sistema
De guturales signos de expresión,
Que la mirada fulgurante ayuda,
Fuerza es de siglos cien una adición.

Para adobar rudimentarias viandas
Y una caverna abrir como el castor;
Para aplicar el portentoso agente
Que halla en el fuego, idéntico al calor;

(El fuego fue trascendental conquista,
Que hace del hombre céntupla la acción;
Sin él, la industria rudimento fuera;

Sin él no habría civilización.)

Quizá no sólo centenares, miles
De años debieron transcurrir en pos,
Si ha de guardar la lógica sus fueros,
Si el pensamiento es libre en su función.

Para fundar enérgico en la tierra
Una efectiva, real dominación;
Mares, abismos, montes y desiertos,
Nulos hacer por medio del vapor;

Para llevar a su cenit la industria,
Que es del esfuerzo racional creación;
Para elevar a su apogeo el arte,
Que de lo bello es alta concepción;

Para formar ese caudal de ciencia
Que, al contemplarlo, el mismo que lo creó
No puede menos que lanzar de asombro
Una estentórea, inmensa exclamación;

La ciencia es quien en la natura encuentra
Latente el fluido eléctrico, fautor
De la consciente actividad que abre
Nuevo horizonte al genio emprendedor.

Ella adivina el vasto mecanismo
Universal, la ignota formación
De los astros innúmeros sistemas
Que, senados, tienen en su centro un sol.

Estas conquistas, capital glorioso
Del edificio intelectual, florón
De su diadema rica, la honra eterna
Habrán de ser de su finito autor);

Para trazar un éxodo asombroso
Como éste —que es magnífica ascensión—

Desde la noche de ignorancia eterna
Al del saber espléndido Tabor;

¿Pueden bastar los seis millares de años,
Bíblica edad supuesta a la creación,
Cuando en un lapso semejante el hombre
Ni aun vislumbrar podría su misión?

Las ciencias todas, de consuno, apoyan
La verosímil, justa apreciación
De que los años del planeta deben
Enumerar decenas de millón.

Mas ¿y la materia cósmica fue creada?
¿Pudo la NADA preexistir, el CAOS?
¿Es el VACÍO conciliable nunca
Con la eternal actividad de Dios?

¿Y el espacio y el tiempo y la materia,
Una infinita trinidad no son,
Que, ab aeterno, la existencia tuvo
Y ad perpetuam la tendrá, cual hoy...?

¿Qué océano lanza la ola de la vida,
Y hacia qué playas rueda en su expansión?
¿En qué principio estriba el movimiento?
¿En cuál la fuerza viva y la atracción?

¡Misterio oculto, impenetrable, abismo
De perdurable y cruel cavilación;
Problema oscuro y capital, enigma
Que no tendrá jamás resolución!

Aunque las brumas de la duda envuelvan
Al pensamiento en fúnebre crespón,
No hay que cerrar el pecho a la esperanza
De que es posible un MÁS ALLÁ mejor.

Y altares erijamos al trabajo,
Himnos sin fin cantando en su loor;
Que ese tributo y la apoteosis debe
La especie humana a su benefactor.

De la conciencia en el santuario augusto,
Donde su luz destella la razón,
A la justicia y al deber honremos,
No por egoísta y falsa inspiración.

Que los más puros, nobles sentimientos,
Que generoso abriga el corazón,
La sociedad con sus aplausos honre,
Que es el más alto estímulo: el honor.

Que no más sea la alma democracia
Un legendario mito, una irrisión;
Que en nuestro cielo brille majestuosa
La libertad con vívido fulgor.

CANTARES

"Tú eres una, yo soy uno;
Uno y una que son dos;
Dos que debieran ser uno;
Pero no lo quiso Dios."
Ángel María Decarrete
Cuando ayer me preguntabas
Que si por fin ya no te amo,
Te respondí que era cierto;
Pero... ¡es porque te idolatro!

Una imagen yo quisiera
Ofrecerte de este cambio,
Aunque sé que por ti misma
Lo comprendes demasiado.

Pero no es demás un símil,
Aunque sea bien prosaico:
Del amor la idolatría
Cabalito es el cuadrado.

Nada puedes ya exigirme...
Yo cumplí con tu mandato;
Hoy al nuevo sentimiento
No te toca legislarlo.

Ley del cielo es el progreso,
Ley muy sabia el adelanto;
Observándola, he creído
Que me debes tus aplausos.

De la ruin hipocresía
Tú ni yo somos esclavos;
La franqueza es nuestro lema,
La hidalguía nuestro lábaro.

Que se queden los embustes
Para el grande y para el fatuo;
¡La verdad que resplandezca
Muy ingenua en nuestros labios!

Quiero usarla yo contigo
Al decirte, muy ufano,
Que no pienso que desees
Ver mi amor en el ocaso.

Para creerlo no es preciso
Tener ínfulas de sabio,
De adivino o nigromante,
Ni de necio ensimismado.

Basta sólo el ejercicio
Del sentido común (raro
Debe ser) para formarse
Un tal juicio... temerario.

Alma mía, ¿a mí decirme
Que no te ame ya? ¡Pecado!
¿Y no estaban ese entonces
Tus manitas como el mármol?

Mas no fíes tú del hielo,
Que me abrasa el de tu mano,
Cuando sólo un instantito
Yo he sentido su contacto.

Al mandarme que te olvide,
Me fulminas con un rayo;
¡Pobrecita, si te alcanzan
De su furia los estragos!

No repitas tú esa orden,
Porque el tono de desmayo
Me revela, claramente,
Que procuras lo contrario.

No lo digas, alma mía,
Con el rostro así, inmutado;
No lo digas si lo dices
Sin energía y sin garbo.

¿Cómo puedes, inocente,
Suponer que, desdichado,
Yo olvidase en un instante
Un amor tan acendrado?

Niña, tú eres muy niña
Al exigir tal milagro;
¡No se apagan los incendios
Cuando el viento va a agitarlos!

No me digas ¡ay! que sufres,
Porque finjo yo dudarlo
Con el ansia de que agregues:
"Es por ti que sufro, ingrato".

Porque ¿cómo iba a ser nunca
Al cariño refractario
Ese pecho, de ternura
Preciosísimo regazo?

¿Dónde están aquellas rosas
Que te di como aguinaldo?
Tú me diste un pensamiento,
Y en mi seno se ha secado.

Esa flor sobre mi vida
Esparció un perfume grato;
¡Ay! si fue porque la puse
Donde tiene su santuario.

¿Qué será lo que tú tienes,
Que me tienes hechizado?
¡Si me olvido de mí mismo
Por estar en ti pensando!

Ve: los hilos de mi vida
No he podido yo juntarlos;
El simún del infortunio
Ha venido a dispersarlos.

¿Te acuerdas tú de aquel día
Que yo te dije: "este encanto"?
¡Es la estela luminosa
Que revierte hacia el pasado!

La tarde en que me dijiste:
"Es la última en que hablamos",
Todavía aquí en mi mente
Se dibuja con sus lampos.

Por mirarte a cada instante
Yo daría mi descanso;
Y la misma vida diera
Por mirarte entre mis brazos.

Mi cariño se halla oculto
Como el oro del avaro;
Mas la llave de esa urna
Sabes tú dónde la guardo.

La vanidad es un dueño
Mal consejero, muy malo;
Por no querer sufrir mucho,
Suele sufrir demasiado.

¡Ay, bien mío! Me avergüenzo...
Del destino es un sarcasmo;
El delito de tontera
No tiene igual; ¡es tamaño!

Pero tú tienes la culpa;
¿Para qué me has perdonado?
Hay perdones que ni al cielo
Fuera lícito otorgarlos.

Cuando una sonrisa de ángel
Brilla fúlgida en tus labios,
Me parece que las puertas
Vas a abrirme el Paraíso.

¿Por qué me miran tus ojos
Si yo no puedo mirarlos,
Así como tú los pones,
Sin un delirio insensato?

Sé tú feliz... ¿has tenido
Negro crespón o sudario
Sobre el ayer? Yo, infelice,
¡Me desvivo por lograrlo!

Quizá contra mi destino
Repito lo que en el atrio
Te dije: "Pues adorarte
Resuelvo". Y nos separamos.

A...

He visto tu retrato. Tu ideal fisonomía,
De líneas armoniosas, de corte escultural,
Despierta una profunda, ferviente simpatía,
El culto que doquiera se rinde a la beldad.

Bien sabes que yo envidio tu pluma delicada,
Tu estilo —ese es su mérito— sencillo y natural;
Tu elocución ingenua, tu frase meditada,
De tu palabra fluida el tono musical.

Así es como vindica sus fueros la Natura,
Volviendo por su crédito. Mintió la tradición
Que antípoda al talento mostró de la hermosura,
Que entre ambos establece profana oposición.

Fortuna es que esa tesis, si desconsoladora,
Del todo es arbitraria, gratuita afirmación;
La forma, eternamente, será reveladora
Del ser que bajo de ella palpita en la creación.

Verdad que hoy patentiza tu clara inteligencia,
Que no ha tornado oscuro tu rostro seductor;
Tu corazón que vierte dulcísima clemencia,
Tu espíritu que irradia su luz en derredor.

Sin duda tú mereces altísimo holocausto,
De la poesía el ritmo, del arte el esplendor—
Las dotes que, avariento, negome el hado infausto,
Privándome de enviarte la voz del corazón.

Insecto imperceptible del mundo literario,
En vano yo del cóndor contemplo la región;
De lágrimas reguero, mi vida es un calvario
Que nunca han alumbrado los rayos del Tabor.

¿El oro de los Cresos?... Yo no lo ofrecería
A un alma que en el éter se cierne espiritual,

Que mira indiferente la ciega idolatría
Que ayer, como hoy, el mundo tributa al "vil metal".

Mas réstame en silencio, de lejos, admirarte
Y por tu dicha votos hacer con efusión;
Ya que otro sentimiento no debo consagrarte,
Recíbeme indulgente tan pálida oblación.

Gracias, 1897.

JOAQUÍN DÍAZ

Nació en Tegucigalpa, el 17 de enero de 1843. Sus padres fueron don Rafael Camilo Díaz y doña Trinidad Borjas de Díaz. En su ciudad nativa aprendió las primeras letras y pasó luego a León, donde hizo sus estudios de instrucción superior.

De León se dirigió en 1864 a Guatemala, en donde alcanzó el título de Médico y Cirujano. Regresó a Tegucigalpa en 1870, y desde entonces se dedicó al ejercicio de su profesión, habiendo sido el que fundó aquí la primera Farmacia formal.

Reorganizada la Universidad, conforme al Código de Instrucción Pública vigente, fue nombrado individuo de la Facultad de Medicina.

Electo en 1888 Vicedecano de dicha Facultad, ejerció las funciones de Decano durante el tiempo que estuvo ausente el propietario Doctor don Carlos E. Bernhard.

El Doctor Díaz desempeñó varias cátedras en el Colegio Nacional y en la Facultad de Medicina.

En la de Jurisprudencia y Ciencias Políticas tuvo a su cargo la clase de Medicina Legal y Jurisprudencia Médica.

Gustaba el Doctor Díaz de los estudios de Historia Natural y del cultivo de las letras.

Escribió más en verso que en prosa. Sus composiciones fueron publicadas en los periódicos de esta capital y en varias revistas extranjeras.

El Doctor don Ramón Uriarte incluyó algunas de ellas en su Galería Poética Centroamericana.

Falleció el Doctor Díaz en Tegucigalpa el 12 de julio de 1892, a las 3 y 45 minutos p. m.

LA MORENA Y LA RUBIA

Aunque la rubia germana
Tenga mirada celeste,
Y aunque la aurora le preste
Su cabellera galana;
La morena americana
Prende tal fuego en sus ojos
Que son al alba sonrojos,
Y hasta le envidia la noche
La cabellera sin broche
Que ella ondula a sus antojos.

Aunque la rubia de Albión,
Con sus nítidos ropajes,
Hechos de níveos celajes,
Levante la inspiración,
Es nieve del Septentrión;
Al paso que la morena,
El que la mira se llena,
Porque ostenta por adorno,
En un mórbido contorno,
Una gracia que enajena.

Aquella, labios de rosa
Y de boca diminuta,
A la trigueña disputa
Ese beso que retoza,
Destilando miel sabrosa
En un labio de cereza:
Si es la rubia la belleza,
La morena es la hermosura;
La una es alma que fulgura,
La otra un tipo de terneza.

De la zona tropical
Tiene la morena el fuego;
Tiene la rubia el sosiego
De la neblina glacial:

Es la blanca pedernal
Que necesita de frote
Para que la chispa brote;
La morena, enamorada,
Más que chispa es llamarada
Puesta al aura que la flote.

En la morena hay pasión,
Espíritu que arrebata,
Intenso placer que mata;
Es delirio, abnegación
De fogoso corazón,
Sin calma ni saciedad;
Una incitante beldad
De hermosura deslumbrante;
Es una estrella radiante
De amor, en la oscuridad.

Hay en la rubia un ideal
De tranquilo amor sereno,
En dormido blanco seno
De contorno escultural;
Y es un alma angelical
Que levanta el pensamiento,
Dominando el sentimiento;
Un espíritu en un lirio;
Es el placer del martirio,
Y es el dolor del contento.

La vida para el amor,
O el amor para la vida,
¿Cuál es la senda florida?
¿Cuál de las dos es mejor?
La morena en su interior
Lleva del amor el beso,
Y es el amor su embeleso;
Hay en la rubia poesía,
Pero en su misma alegría
Su corazón está preso.

Gracia, placer, hermosura,
Pelo negro, labios rojos,
Dos llamaradas por ojos,
Morbidez de una escultura,
En un alma que fulgura
Con incitante esplendor,
Eso despierta el ardor
Que se provoca y se llena
En la turgente morena,
Con fuego, numen y amor.

Blanca, rubia, perfilada,
Hecha de nieve y de rosa;
Una virgen majestuosa
Sobre concha nacarada,
Entre nubes de alborada;
Alabastrina pureza
En escultural tristeza;
Mitad rosa, mitad lirio,
Casi un amor en martirio;
Esta es la rubia belleza.

Hay en la una fantasía,
Sentimiento y corazón;
Hay en la otra la ilusión
De la sublime poesía;
Pero es blanca, como fría...
¿Cuál de las dos es mejor:
La hermosura del amor,
O el amor de la hermosura?
¿El arte de la escultura
O de ese arte el esplendor?

EN LA URNA SEPULCRAL DE MI HIJA LUISA FRANCISCA

(Muerta a los 18 días de nacida).

Como nube que desciende
De las regiones del cielo,
Para besar este suelo
Empapado de dolor;
Como pétalo de lirio
Que muere al primer aliento,
Después de ofrecer al viento
Su perfume embriagador:

Como pálido destello
Que a los primeros albores
Va despertando las flores
Al reflejo matinal;
Como risueña esperanza
Que en el porvenir se mece,
Y luego se desvanece
De la vida en el erial:

Cual murmullo melodioso
Que va llevando la fuente
Antes de ser un torrente,
Que a los mares va a morir:
O la estrella vespertina
Que antes de nacer la aurora,
En diáfano lampo dora
Su reflejo de zafir:

Como arpegio cadencioso,
Que en la mañana murmura,
Y que roba el aura pura
Del acento del turpial;
Como paloma dormida
Sobre un capullo de flores,
Soñando en castos amores,

Sin temor del vendaval;

O crisálida que muere,
O luz bella que se apaga,
O mariposa que, aciaga,
Muere al rayo de la luz;
O azul cielo nacarado,
Que se borda de arreboles,
Y al ponerse de los soles,
Apaga negro capuz;

Así tú un ángel fuiste,
Descendido de los cielos,
Para besar estos suelos
Anegados de dolor.
Y desplegaste tus alas
A las etéreas regiones
De ignotas constelaciones,
Al primer beso de amor.

¡Bien hayas tú, ángel bello,
Que posaste la morada
Del alma que enamorada
Te dio su seno y tu ser,
Para llevar a los cielos,
Con el amor de tu padre,
La pureza de tu madre
En un alma de mujer!

Tegucigalpa: 19 de diciembre de 1882

SOLEDAD

Si hay una soledad muda y sombría
Que en su tristeza el corazón devora,
Hay otra Soledad encantadora,
Y esta es la Soledad del alma mía.

La una es genio de amor y de alegría,
A quien mi pecho con afán implora;
Y por la otra en silencio el alma llora,
La triste soledad de una agonía.

En esta soledad del pensamiento
Aparece en risueña lontananza,
La hermosa Soledad del sentimiento
Envuelta en el recuerdo y la esperanza;
Y aunque corre en pos de ella mi lamento
Y su huella persigue, no la alcanza.

LEYENDA TEGUCIGALPENSE: LA LEONA

Una madre sencilla y cariñosa,
De noble aspecto y continente grave;
Pero dulce y amable en cuanto cabe
En hija bella y en amante esposa:

Con toda la ternura del cariño
De la madre que arrulla en sus regazos,
Abarcaba en contorno de sus brazos
Al fruto de su amor: un bello niño.

Risueña, con el peso que la inclina,
Al norte de la villa, por recreo,
Elige una vereda en su paseo,
Que sube a la planicie en la colina.

Contempla ahí los bellos horizontes
Bañados por la luz del Occidente,
Y reflejados en su hermosa frente
Que domina la cumbre de los montes.

El niño, obedeciendo a sus antojos,
El pecho suelta de su madre hermosa,
Y con sonrisa bella y candorosa
Enciende el brillo de sus negros ojos.

La madre, embelesada, le miraba;
El niño contemplaba el firmamento;
La madre levantaba el pensamiento;
La luz crepuscular se dilataba.

Y la madre y el niño ven el cielo,
Y en risueña y cercana lontananza,
Dibujando el albor de la esperanza,
En celaje prendido como velo.

El niño que aspiraba el tenue ambiente,
Que embriaga y adormece a la paloma,
Cual si tuviese el nido en verde loma,
Soñoliento inclinó su hermosa frente.

La madre al niño adormecido deja
Entre peñas y pajas naturales,
Envuélvelo en sus límpidos pañales
Y al bosquecillo sin temor se aleja.

Cortando frutas y campestres flores,
Y las peñas mirando a cada instante,
Tras de la cuna de su bello infante
Contempla de la tarde los fulgores.

Le pide al cielo el porvenir de su hijo;
Le ofrece en cambio, como débil dote,
La santa vocación del sacerdote,
Que ha de alentarle con afán prolijo.

Y enajenada por amante anhelo,
Y extraña a las visiones de este mundo,
Toda la llama de un amor profundo
Eleva en gratitud, orando al cielo.

Mas presto corre por agreste breña,
Y encuentra al niño, juguetón, sonriente;
Pero suspensa sobre su alba frente

Leona feroz que acecha en alta peña.
De madre el corazón da el estallido;
Con arrojo sublime vuela y grita,
El niño a arrebatar se precipita,
Como pantera de cachorro herido.

La leona, sorprendida, se estremece,
Suspende el movimiento hacia su presa;
Deja la huella de su garra impresa,
Y cerrando sus fauces, desaparece.

Aquel niño fue el Dios de nuestras greyes:
Una plegaria de la tierra al cielo;
Virtud y caridad, saber, consuelo;
Todo alma y corazón: el Padre Reyes.

¿La madre? Siempre orando, dulce y bella;
Ternura, abnegación, amor, cariño;
Mujer, en fin, amamantando a un niño
En quien mira los rayos de una estrella.

Aquel peñasco es hoy un monumento
De gratitud, de gloria y de recreo;
Y es a la vez encantador paseo,
Y el emblema inmortal de un sentimiento.

Tegucigalpa: 3 de junio de 1891

DESDE LA MONTAÑA

Aquí en la cumbre de la montaña,
Bajo el alpino y agreste monte,
Diviso apenas el horizonte
Que en luces baña tu hermoso mar.
Y suspirando bajo sus ramas,
Miro las auras mover las hojas,
Que entristecidas con mis congojas,
Llanto derraman al susurrar.

La bella alondra sobre la cima
De la arboleda de esta montaña,
Con mis cantares en llanto baña
El eco triste de su dolor.
Y los panales de miel sabrosa,
Donde el murmullo de las abejas
Son el recuerdo de amargas quejas,
Todos se aduermen a mi rumor.

Dejan los nidos y los arroyos
Las montañeras, grises palomas,
Cuando atravieso las verdes lomas
Donde ellas forman su palomar,
Porque ellas saben que mis cantares
Son los acentos y los murmullos
De los amores y los arrullos
De un ave triste que sabe amar.

Con los suspiros de mis recuerdos
Muevo las alas del fresco ambiente,
Y con mi llanto mojo la fuente
Que alza en las breñas triste rumor.
Yo soy un ave que va de paso
Por estos montes, como en el mundo,
Cantando el triste, pesar profundo,
Que oculta el alma para el amor.

Yo soy un cisne de las riberas
Que el Guacerique dormido besa;
Yo soy el eco de la tristeza,
Que arranca su onda al murmurar.
Sé los secretos de los suspiros
De aquellas ninfas de negros ojos;
Sé los caprichos y los antojos
De la doncella que empieza a amar;

Sé las historias de sus canciones,
Y las endechas y las baladas;

Sé de sus magos y de las hadas
Lo que se amaron con frenesí;
Sé lo que dicen los pajarillos
En el lenguaje de sus amores;
Lo que la brisa dice a las flores,
Lo que las flores al colibrí.

Pero en las playas del regio Atlante,
Donde los silfos cantan poemas,
Los horizontes son los emblemas
Del infinito, del ancho mar:
Donde las olas suben al cielo,
Y los volcanes son atalayas
Que forman diques sobre las playas
Al rudo oleaje que va a estallar:

Y las sirenas cantan idilios,
Y sus montañas son de corales,
Y las espumas como fanales
Flotan en blondas de blanco tul:
Donde las aguas besan las nubes;
O cuando duermen con dulce halago,
Como sirenas de terso lago,
Son el espejo del cielo azul:

Donde se mira la mar augusta,
Y como nueces nadar los Andes
En insondables abismos grandes,
Que son secretos de la creación;
Ahí no se alza mi pensamiento
Sobre las alas de la poesía,
Porque se ofusca mi fantasía
Ante esa llama de inspiración.

Yo soy un ave que va de paso
Por ese mundo del sentimiento,
Vertiendo triste, con rudo acento,
El llanto amargo de su dolor;
Yo soy un ave de esas canoras,

De voz opaca, sin murmurío,
Que alza su nido junto a ese río,
Que da las auras del patrio amor.

Yo fui de paso por tus hogares,
Regando flores a la belleza,
Y en el acento de mi tristeza
Alcé mi canto con débil voz.
Aquí ya lejos, en la montaña,
Entre los montes, cual las abejas,
De mis pesares cuento en mis quejas
Las que hoy te ofrezco como un adiós.

EL SOLDADO

Dejo a mi madre y mi hogar,
Mi esposa, mi porvenir,
Y me lanzo a compartir
La suerte del militar;
Va la Patria a batallar
Por su fuero y por su honor,
Y va Honduras con amor
A defender su derecho,
Dando su escudo a mi pecho
Y su aliento a mi valor.

Con la sangre de mis venas
Van a regarse los campos,
Y de la gloria los lampos
Van a reflejarse apenas,
Con el tinte en que están llenas
Las fojas de las historias
Que Honduras tuvo en sus glorias,
Cuando en lucha fratricida
Tuve el honor por égida
En sus bélicas victorias.

La lucha del patriotismo
Contra la hueste homicida
Se sustenta con mi vida,
La vida del heroísmo;
Y si el rapaz vandalismo
Huella nuestra rica tierra,
El eco viril le aterra
Hasta en la agreste montaña,
Donde el estruendo y la saña
Va a resonar de la guerra.

Cuando en la lid, valeroso,
Rudo enemigo batalla,
Y ante el muro y la metralla
Se ha rendido pesaroso,
Noble mano, generoso
Le extiendo con hidalguía:
La arrogante valentía
Siempre arrastra admiración,
Y noble es mi corazón
Para albergar tiranía.

Pero al cobarde y pequeño
Que se oculta en la montaña
Para asaltar la cabaña
Del infeliz hondureño,
Le desprecio y le desdeño
Y le hago caza de fiera,
Pues alevosa pantera
No merece en justa ley,
Los honores que una grey
Dispensa a una lid guerrera.

Orgulloso y satisfecho
Vuelvo a la paz y al sosiego,
Donde se levanta el fuego
Llevando oculto en el pecho
De mi amor y mi derecho,
Ese mágico placer,

De haber cumplido un deber
Como patriota y honrado:
Recompensa del soldado
Que tuvo gloria en vencer.

Agosto de 1886.

JUAN RAMÓN REYES

Nació en Juticalpa, cabecera del departamento de Olancho, el 20 de marzo de 1848.

Era hijo de don Domingo Reyes y doña Tomasa Palacios de Reyes, y sobrino de nuestro popular poeta, el inolvidable sacerdote don José Trinidad Reyes.

Hizo en Tegucigalpa los estudios elementales y los del Bachillerato, y luego fue a concluir su educación a Guatemala, en donde permaneció desde 1866 hasta 1873, en que regresó a Honduras.

Años después obtuvo en esta capital el título de Notario.

Juan Ramón Reyes escribió mucho en verso; pero la mayor parte de sus composiciones quedó en poder del Dr. don Ramón Rosa, quien hacía de ellas mucho aprecio. Las que incluyo en esta colección fueron publicadas en La Paz y en El Guacerique, periódico literario este último, dicho sea de paso, del que sólo aparecieron cinco números.

De Reyes dijo el citado escritor:

"Fue uno de esos seres soñadores que pasan, sin ser comprendidos, por este valle de miserias, con el corazón enfermo de insondable tristeza. Todos sus versos revelan esa melancolía que las decepciones infunden a los espíritus dolientes".

A MARCO AURELIO SOTO

(En el IV Aniversario de la Inauguración de su Gobierno Provisional
en la Isla de Amapala).

Allá en remotos tiempos el estandarte hispano
Surcaba el mar Atlántico en brazos de Colón;
América era entonces inextricable arcano:
¡El genovés tan sólo sintió su inspiración!

Dios mismo conducía las naves del marino
Por entre los escollos de ignota soledad;
El rumbo le ha trazado la fuerza del destino,
Y sigue, y avanzando, su ideal perseguirá.
Quedan atrás, muy lejos, las costas españolas;
La brújula vacila, del Norte divagó;
La tierra revelada no surge de las olas,
E incierto el tripulante la duda concibió.

Agosto terminaba; era una noche obscura;
Cristóbal por su frente la sombra vio pasar;
Evoca sus misterios, la ciencia le murmura
Y su alma gigantea comienza a respirar.

El ínclito Marino diríjese a la popa,
Lanzando una mirada al lóbrego capuz:
¿Qué ha visto, que aún retiemblan sus ecos en Europa?
La ráfaga lejana de pasajera luz.

La aurora se levanta con claridad magnífica,
Envuelta entre crespones de nácar y rubí:
Colón contempla absorto su inspiración, su América,
Y fue su primer huésped la inculta Guahananí.
Y mira en torno suyo
La eterna primavera de Occidente,
El carmíneo capullo
Y el majestuoso curso del torrente.

El genovés, en vértigo profundo,
Inclínase de hinojos;
Mas sus brillantes ojos
Lanzan al porvenir un Nuevo Mundo.

Agosto terminaba, y plugo al cielo
Que cuando Honduras a su fin corría,
Soto, joven ilustre, dirigía
Sus miradas serenas a este suelo.
Él juró consagrarse con desvelo
A conjurar la tempestad sombría
Que a esta tierra de aromas y de flores
Anunciaban los bélicos furores.

El timón empuñó: la débil nave,
Antes juguete de huracán violento,
Próxima a zozobrar, resiste al viento
De la civil revuelta. El joven sabe
Amainar el peligro, y con el suave
Y bonancible ser del elemento,
Al par que diestro impulso de su mano,
Sosiego impuso al demagogo insano.

No fuera Guahananí; mas fue Amapala
La isla que Soto contempló primero:
No venía de Europa aventurero,
Sí de la noble y culta Guatemala;
Su corazón el patriotismo exhala,
E impertérrito sigue el derrotero
Que le trazó su genio y su talento,
Dando a la Patria vigoroso aliento.

No sin razón ¡oh Marco! su grandeza
Este pueblo viril de Vos la espera;
De su destino excelso indigno fuera
Si desdeñara ruin vuestra largueza.
Un venturoso porvenir empieza;

Cesó por fin la turbulenta era:
Las letras y la azada reinan ora
En vez de la mortal metralladora.

Si la posteridad, que nada olvida,
Os tiene dedicada una corona;
Si un himno el pueblo por doquier entona
Que a la Nación proclama redimida,
Vuestra gloria inmortal nunca extinguida,
No es el triunfo sangriento de Belona;
Y si Colón un mundo ha descubierto,
¡Vos disteis vida a un pueblo casi muerto!

1880

RAMÓN ROSA

Este distinguido prosista escribió también en verso.

Juzgando al Padre Reyes, dijo:

"Se ejercitó poco en la prosa, y pudo llegar a ser un gran prosista. Tenía para ello eminentes cualidades: espíritu sintético a la par que analítico, mucho caudal de conocimientos en ciencias y letras, profundo conocimiento del idioma y esa flexibilidad graciosa que dan la imaginación y el buen gusto, para presentar las ideas en formas naturales y animadas, y llamar la atención de los lectores. Mas no llegó a ser un prosista sobresaliente, porque no se aplicó al objeto, porque no fue su negocio, como dicen los norteamericanos".

Si éste fuera un libro de crítica literaria, correspondería decir que el Dr. Rosa, con grandes facultades para el cultivo de la poesía, no sobresalió en ella porque "no se aplicó al objeto, porque no fue su negocio", como dijo del Padre Reyes, refiriéndose a los trabajos en prosa que dejó.

Con todo, según se verá en seguida, son de mucho mérito las composiciones del Dr. Rosa.

A...

Yo te hago mil recuerdos
Para decirte adiós.

I

¡Y qué pálida estabas! ¡Cuán hermosa,
Semejándote al tímido lucero,
Cuando mi alma ardiente y candorosa
A tus plantas rindió su amor primero!

¡Qué joven eras, inocente y pura,
Como la flor que en la mañana vive,
Ignorando, infantil, que su hermosura
Es la expresión que de la luz recibe!

Tú, así como la flor, nada sabías,
Ignorabas de amor el fuego intenso;
Yo te enseñé lo que eran simpatías,
Lo que es amar con un delirio inmenso.

II

Aún recuerdo, mi bien, las dulces horas
Cuando, a la caída de la tarde umbría,
Tu mirada y tu voz consoladoras
¡Ay! aliviaban la dolencia mía.
Te contaba mis ansias, mis pesares,
Porque tú eras el ángel del consuelo;
¡Cuántas veces mis penas a millares
Calmaste con tu acento, hija del cielo!

III

¿Me olvidarás? ¿Podrá llegar el día
En que, ya muerta la ilusión primera,
La eternidad de amor que el alma ansía
Se convierta en falaz, triste quimera?

¿El tiempo con las brumas del olvido
Te cubrirá tu joven pensamiento,

Y apenas, ¡ay!, para tu ser querido
Guardarás la memoria de un momento?

Recuerda que una vez se ama en el mundo
Con ese amor que es religión del alma,
Porque es de la conciencia, en lo profundo,
Divina fe que inspira dulce calma.

IV

No más recuerdos de perdida gloria,
No más recuerdos de mi amor primero;
Voy a romper el hilo de mi historia;
¡Suena ya la hora de mi adiós postrero!

Dame valor, Dios mío; yo te imploro...
Voy a dejar mi luz idolatrada,
El ángel puro por quien tanto lloro,
Por quien la vida tornaría a la nada.

¿La nada? ¡Oh, no! ¡Oh, no! Que no es la muerte
Quien de tus brazos me arrebata fiera;
Yo he de volver, he de volver a verte
Y a enlazar con tu amor mi vida entera.

¡SOLO!

(En el Antiguo Cementerio de Guatemala).

¡Solo! Sin más que un pensamiento triste
Donde se encierra de mi amor la historia,
Como culto en un templo solitario
Consagrado a adorar una memoria.

¡Solo! Con el latir apasionado
Del corazón nutrido de dolor,
Porque al pasar mil horas de tristura
Se marchitó de su ilusión la flor.

¡Solo! Junto al silencio de las tumbas,
Que no me brindan su apacible calma...
Pero, mujer, en tu regazo un día
Se acabará la soledad de mi alma.

1867

LA FLOR DE LA AMISTAD

Allá en mis primeros años
Yo te mandé una "memoria":
Iban dos letras en ella,
Iniciales de una historia.
Tú me dijiste entonces:
Te mando, en cambio amoroso,
La expresión de una fe eterna
Que guardo para mi esposo.

Pasó el tiempo, y no creíste
Ni en mi amor ni en mi constancia,
Y olvidaste en otros brazos
A tu amigo de la infancia.
Si partí a lejanas tierras
En pos de altivo renombre,
Fue para mostrarlo al mundo
Enlazado con tu nombre.
¡Ay! mejor pobre y oscuro
Vivido hubiera a tu lado.
¡Qué más gloria que los besos
De tu labio perfumado!

¡Ay! si de ese amor primero
La fe nos hubiese unido,
Hoy no creciera en tu huerto
"La Amapola del Olvido".
Borraste tu juramento,
Te entregaste a nuevos lazos,

Para arrancarme del pecho
El corazón a pedazos.

Yo te vi con la corona
De nupciales azahares,
Olvidarme para siempre
Postrada ante los altares.
Y hoy la reliquia me mandas
De nuestros dos corazones,
Hallada entre las cenizas
De tus muertas ilusiones.

Dime, ¿al volverme esa prenda
De nuestro amor soberano,
No se alteró tu mejilla,
No se estremeció tu mano?

Ahora te vuelvo, señora,
Pedazos del corazón,
Recuerdos de un amor muerto,
Que historias del alma son.
Mas piensa que al devolverlos
Yo sufro mucho, señora,
Que jamás el hombre olvida
De amor la primera aurora.

Perdóname... bien lo sabes,
Tu amargo ejemplo seguí:
Me olvidaste... y mi destino
A otro destino lo uní.
¿Del pasado, qué nos queda?
¡La tumba de nuestro amor!
Y hoy con tus dulces memorias
Sólo te mando una flor.

No es la flor de la esperanza,
Rica en pompa y en beldad;
Dale acogida en tu seno,
Que es la Flor de la Amistad.

LA AMAPOLA DEL OLVIDO

I

¡Han pasado tantos años!
¡Tan lejos hemos vivido!
Que apenas tu imagen veo
Entre un recuerdo perdido.
Desde aquella noche triste
Que te vi ante Dios postrada,
Luciendo sobre tu frente
Corona de desposada,
¡Ay! desde entonces, señora,
Resignado y afligido,
Envolví nuestros amores
En la sombra del olvido.

Vagué por tierras distantes;
Torné a mi feliz ribera,
Buscando las perfumadas
Flores de mi primavera.
¿Y qué hallé? Sobre tu frente,
Do el honor se domicilia,
La corona inmaculada
De la madre de familia.

Amantes y cuidadosos
Sorprendí tus ojos fijos
Sobre las rubias cabezas
De tus inocentes hijos.
Entonces envié a tu seno,
Ligada con tu memoria,
La flor de mi amistad pura
Como fin de nuestra historia.

II

Pasó el tiempo, y el recuerdo
De la fe que nos unió,
¡Tú lo sabes!... en mi mente
Para siempre se borró...

Si combatió a nuestro pecho
Desventurada pasión,
Todas sus memorias muertas
Historias del alma son.

De ti no guardo ninguna
En mi noche de dolor,
Que yo no ofendo en su madre
A los hijos de tu amor.
Hoy que tranquilos vivimos
Sin encono, sin doblez,
A la luz del tibio rayo
Que anuncia nuestra vejez,

Hagamos que nuestros hijos,
Que tan inocentes son,
Ignoren siempre la historia
De nuestra infausta pasión...
Sigue, sigue disfrutando
Tu agradable beatitud,
Sin que pasen por tu mente
Sombras de la juventud;

Que yo te mando, señora,
Sin pasión y sin rencor,
La "Amapola del Olvido",
Hoy emblema de mi amor.

A MI MADRE EN SU CUMPLEAÑOS

"Madre, mi madre querida,
Fuente de amor bendecida,
¿Por qué no permite Dios
Que andemos siempre los dos
De mano toda la vida?".

Muy pronto la suerte impía
Me llevará a otra región;

¡Ay, por eso en este día
Vengo a darte, oh madre mía,
Lágrimas del corazón!

Hoy con la frente inclinada
Te digo, de amor beodo:
¡Oh, mi madre idolatrada!
Que a nadie le debo nada,
Que a ti te lo debo todo.

Siempre el pensamiento fijo
Lo tengo en ti, noche y día…
Por el Dios que te bendijo
Hoy llega a pedirte tu hijo
Tu bendición, madre mía.

Tú eres mi fe, mi tesoro,
Tú el consuelo de mi pena,
Cuando me desahogo en lloro;
Que yo te quiero por buena,
Que yo por buena te adoro.

Tú me das vida y calor,
Tú me das luz y confianza
En mi senda de dolor;
Tú, faro de mi esperanza,
Relicario de mi amor.

Eres óleo de consuelo,
¡Ay! que mis culpas destierra,
Consolación a mi duelo;
Eres mi cielo en la tierra
Y mi esperanza en el cielo.

Permita Dios que el destino,
Vertiendo felicidades,
Cubra con el bien divino
El polvo de tu camino
En premio de tus bondades.

"Madre, mi madre querida,
Fuente de amor bendecida,
¿Por qué no permite Dios
Que andemos siempre los dos
De mano toda la vida?".

4 de abril de 1883.

GUADALUPE GALLARDO

Nació en Danlí, El Paraíso, en 1853. Falleció en Tegucigalpa, en 1894. Tenía apenas cuarenta años. Escribió poesía de estilo paisajista. Hijo de Nicasio Gallardo y Cecilia Díaz. Obtuvo su título de abogado en la Universidad de Guatemala. Viajó por Estados Unidos, México y Centroamérica. Se dedicó a la bohemia. Su vida ha sido descrita como "errante y oscura". Fue generoso con las clases desfavorecidas.

A DANLÍ

Cercado de dos colinas
Y dos alegres riachuelos,
Más blanco que una paloma,
Existe un humilde pueblo

Do nunca se ve una nube
En su purísimo cielo,
Ni se escucha más ruido
Que el apacible gorjeo

Del alegre pajarillo,
O del céfiro risueño,
En el cáliz de las flores,
El enamorado beso.

Por todas partes el campo
De verde césped cubierto;
Por todas se ve el ganado
Tranquilamente paciendo:
A distancia la llanura
Orlada de hermosos cerros,
Vestidos de altos pinares
Que dan suspiros al viento:
A lo lejos, altos montes,
Y uno más alto a lo lejos,
Que atrevido se levanta
Hasta tocar en el cielo...

¡Es San Cristóbal! Gigante
Que preside el valle ameno
Y que su mole retratan,
Como transparente espejo,
Las linfas del claro río
Que sus pies pasa lamiendo,
A cuyas márgenes crecen,
Con follaje siempre nuevo,

El roble junto a la encina,
Junto a la ceiba el higuero;
Y donde siempre se escucha
El apacible gorjeo
Del alegre pajarillo,
O del céfiro risueño,
En el cáliz de las flores,
El enamorado beso.

II

¡Danlí! Tu nombre sencillo,
Para mí de encantos lleno,
Grabado indeleblemente
En la memoria lo llevo...
¡Danlí! Mágico sonido
Que cual talismán de un genio
En mi mente reproduce,
Con su dulcísimo eco,
Las imágenes dormidas
De mi pasado en el lienzo.

¡Cuánto dice al alma mía
Su cariñoso recuerdo,
Al corazón cuánto dice,
Cuánto dice al pensamiento!
Allí mi niñez, mi infancia,
Del mundo al dolor ajeno,
Cuando pasaron fugaces
Con su armonioso aleteo,
Como alegres golondrinas
Que presienten el invierno,
Por un instante mi vida
Cariñosas adurmieron...

¿Por qué tan rápido pasa
Aquel instante supremo?
¿Por qué la cárcel no rompe
De este miserable cuerpo,
Y sigue el alma su ruta

Con esas aves del cielo?
¿Por qué prolongar la vida
Si todos probamos luego
Que es amargo despertar
El despertar de aquel sueño?

¡Ay! de esa edad venturosa
Miro en torno y nada tengo.
Aquellas horas tranquilas
Que de mi existencia huyeron,
Para perderse indecisas
En la corriente del tiempo,
En sus alas se llevaron
Cuanto puro y cuanto bello.

Intento darle colores
Y darle formas intento
En mi ardiente fantasía
Con el pincel del recuerdo:
Sólo acaricia mi oído,
Para mitigar mi anhelo
Con su dulcísimo arrullo,
El apacible gorjeo
Del alegre pajarillo,
O del céfiro risueño,
En el cáliz de las flores,
El enamorado beso.

III

¡Danlí! Mis ojos te buscan
Como agua busca el sediento;
Como el inocente niño
Busca de su madre el seno,
Como busca sus caricias
Y como busca sus besos...

Y es en vano, pueblo mío,
Que vives lejos... muy lejos.
Mas yo, a través del espacio,

Con el alma, te contemplo
Reposando dulcemente,
Como tímido cordero,
En el pliegue más mullido
De la falda de tus cerros:
Y así en mis cansadas horas
Con tu imagen me recreo
Consagrándote la vida,
La vida del pensamiento.

Entonces pongo mi planta
En tu valle pintoresco,
Y mis pasos silenciosos
Los encamino primero
Al lugar en que se eleva
Tu ruinoso cementerio,
Que en un ángulo del muro
Están las aras del templo
Donde mi filial cariño
Alza su plegaria al cielo:

De goce entonces avaro
En tu recinto penetro,
Tus calles rectas admiro
Y por ellas me paseo
Aspirando con delicia,
Entre las alas del viento,
El suavísimo perfume
De la flor del limonero;

Y con emoción profunda
A mi hogar tranquilo llego,
Y mi madre y mis hermanos
Vienen volando a mi encuentro,
Y yo a todos en mis brazos
Amorosamente estrecho,
Cuando en redor todo me habla

De aquellas horas que huyeron
Con mi infancia venturosa
Y sus inocentes juegos...

Por todas partes discurro
Y por todas me embeleso
Contemplando de tus hijas,
Morenas, de talle esbelto,
La sonrisa melancólica,
Pálida tez y ojos negros.

Por todas partes admiro
Naranjales corpulentos,
Donde anida y donde canta
El hermoso clarinero...
Después subo a tus colinas
Y el horizonte contemplo,
O me baño en los cristales
De tus tímidos riachuelos,

Que en todo encuentro el halago
Cariñoso de otro tiempo,
En tanto que siempre escucho
El apacible gorjeo
Del alegre pajarillo,
O del céfiro risueño,
En el cáliz de las flores,
El enamorado beso.

Guatemala, agosto de 1884.

IGNORANCIA EN EL IDIOMA

—Ya sabes, niña, que te adora mi alma
y dentro el pecho sólo tu alma cabe,
y que es tu amor mi ambicionada palma?
—Mi no sabe.

—¿Qué no comprendes que la suerte impía
aumenta el fuego que tu vista enciende?
¿Que te amo no comprendes, vida mía?
—Mi no entiende.

—Ven por piedad, mi corazón lo implora,
ven, que el destino sin piedad me hiere;
ven hacia mí, que el corazón te adora...
—Mi no quiere.

—Yo te daré mil joyas, perlas y oro,
Haré que el mundo tu belleza alabe,
pondré a tus pies riquezas, un tesoro.
—Mi ya sabe.

—Coronas ricas, bellas, siempre vivas,
cuanto en el mundo bienestar comprende,
Un paraíso en que dichosa vivas...
—Mi ya entiende.

—En cambio, amor, te pido, sólo anhelo
me digas: "Te amo, mi alma te prefiere..."
¿Me lo dirás? ¿Querrás que goce el cielo?
—Yes, mi quiere!

SIÉNTATE AL PIANO

Siéntate al piano, encantadora mía,
Y posa en él tu delicada mano,
Siéntate al piano, angelical María,
Siéntate al piano.
Calmen sus notas mi mortal tristeza,
Mi duelo insano.
¿Por qué el cielo te dio tanta belleza?...
Siéntate al piano.

Y también canta con tu voz divina,
Eco de un alma virginal y santa,

Y también canta, estrella vespertina,
Y también canta
Aquella misma celestial plegaria
Que el alma encanta.
Siéntate al piano, bella pasionaria,
Y también canta.

Quiero mirarte cual la vez primera
Que con el alma prometí adorarte,
Quiero mirarte así, niña hechicera,
Quiero mirarte.
¿Por qué desdeñas que te adore ciego?
¡Cómo olvidarte!
Siéntate y canta, por piedad te ruego,
Quiero mirarte.

Un ángel eres que con dulce canto
Presta armonía a los mundanos seres,
Un ángel eres que mitiga el llanto,
Un ángel eres.
¡Eres un ángel!... pero veo, ingrata,
Que no me quieres,
En vano te amo... tu crueldad me mata.
¡Un ángel eres!

Dulces gemidos con tus manos blancas,
Remedando del pecho los latidos,
Dulces gemidos del teclado arrancas,
Dulces gemidos,
Que aunque indecisos por el aire vagan,
No van perdidos;
Son dulces notas que el alma halagan,
¡Dulces gemidos!

Si he de morir sin esperanza alguna
Que me haga siempre con tu amor vivir;
Si he de morir,
Deja una nota a tu gentil garganta,
Déjame oír,

Porque al compás de tu armonía santa
Quiero morir.
Guatemala.

A LA PRIMA DONNA ABSOLUTA

Señora Julia T. de Cog, en su Función de Gracia

I

Julia: se meció tu cuna
Bajo un cielo de armonía;
Todo azul, todo poesía,
Felicidad y amor:

Do, por sonreír la Natura,
Vestida siempre de fiesta,
Es cada brisa una orquesta,
Cada mujer una flor.

II

Y de aquel cielo azul, de sus jardines,
A otro cielo y jardines transplantada,
Por más que al suelo tu mirada inclines
Nunca pierde su brillo tu mirada.

Y es que, cual flor en tu corola pura,
La armonía se encierra de las brisas;
De aquel cielo divino la hermosura
En tus bellas y poéticas sonrisas.

III

¿Has visto acaso en el bosque,
Cuando alegre canta el ave,
El suspirar dulce y suave
De las hojas y las palmas?

Así, cuando cantas, Julia,
En deliquios e ilusiones,

Palpitan los corazones
Y se estremecen las almas.

IV

¡Bien hayas tú, itálica azucena,
Doquier que lleves tu hechicera planta!
Es bella la mujer siempre que es buena:
Es ángel la mujer siempre que canta.

No dejes de cantar, blanca paloma,
Que mitiga tu acento los pesares.
¡No dejes de cantar!... ¡Oh, Linda!... toma,
Como ofrenda de mi alma, mis cantares.

Guatemala.

A TI

María, ¿quién podrá verte
En este mísero suelo
Sin creer que falta en el cielo
Un ángel junto al Creador?
¿Y quién dirá que no siente,
A tus naturales galas,
Batir junto a sí las alas
Del dios casto del amor?

Cuando sonriente apareces,
Y delante de mí pasas
Meciéndote, envuelta en gasas,
Como una hurí de Stambul;
Y contemplo en el paseo
Que te aprisiona el encaje
De tu tenue, níveo traje,
O tu bello traje azul,

Me pareces, linda niña,
Plácido rayo de luna

Dormido en tersa laguna
Que riza el aire sutil:
Limpia gota de rocío
En los pétalos de un lirio,
Que en amoroso delirio
Besa el aura del pensil.

Llevando en tu imagen fijos
El pensamiento y la mente,
Yo contemplo indiferente
Otras mujeres pasar:
Ninguna como tú, bella
Y de encantos adornada...
¡Segunda Venus, formada
Con las espumas del mar!

Cuando miro recogida
Sobre alabastrina frente
Tu cabellera esplendente,
Bellísimo serafín,
Rayos finge de la aurora,
Del sol apenas alumbrados,
Dulcemente refugiados
En el cáliz de un jazmín.

Envuelta por una ceja
Artísticamente arqueada,
Se descubre tu mirada
Con célico resplandor.
¿Es, María, la de tu alma
La luz que irradia divina
De tus ojos la retina,
Reverberando el amor?

Porque la luz de tus ojos
Es más bella que otra alguna...
Ni el sol, ni la blanca luna
Esa luz imitarán:
Porque es tan suave, tan pura,

Tan grata, tan hechicera,
Que sólo del alma fuera
La luz que tus ojos dan.

Y cuando ellos le iluminan,
Sin que esto en nada te asombre,
Es del bien capaz el hombre
Y de nunca hacer el mal:
Porque sus rayos divinos
Parece que a Dios le llevan
Y su existencia renuevan,
Transformándole inmortal.

Si la virginal sonrisa
Que guarda tu linda boca
Alguien a salir la invoca
De su regia habitación,
Con su manto de perfumes
Se reclina en los umbrales
De perlas y de corales,
Como mágica ilusión.

Y desde tan rico trono,
Como reina soberana
Que en la justicia se afana,
Dando castigo o perdón,
Del hombre en el alma impresa
Al ver la amorosa pena,
Quita o no dura cadena
Al amante corazón.

Tus mejillas son de rosa
Que esparce célico aroma,
Y tus hombros, de paloma
Que bebe en el manantial:
Es de cisne tu garganta,
De palmera tu cintura,
Y tu pie, bella criatura,
De alguna fada oriental.

Pero nada tanto bello
Como el blando murmurío
Que produces, amor mío,
Con tu voz angelical:
Es más suave que el susurro
De la fuente enamorada;
Más que la nota escapada
Del zenzontle o del turpial.

La belleza de tus dones,
El tesoro de tus galas,
Dan nitidez a las alas
Que calientan mi pasión;
Y de tu ser, hasta el roce
Que produce tu vestido,
Aumenta el dulce latido
De mi amante corazón.

María: ve por el mundo,
Con tus galas y tus dones,
Sojuzgando corazones,
Sin acordarte de mí;
Pero piensa que el inmenso
Amor que mi pecho siente,
Vivirá, mientras aliente,
En el alma para ti.

A MI QUERIDO AMIGO LEOPOLDO IDIÁQUEZ

Ven, Leopoldo, a mis brazos! Tú despiertas
Gratísimos recuerdos en mi mente;
Haces surgir con tu amistad sonriente
Miríada hermosa de ilusiones muertas.

Pasan las horas por mi vida inciertas
Al rebullir de mi cerebro ardiente,
Crueles surcando mi abatida frente,
Sin encontrar del porvenir las puertas.

Ven, caro amigo; trae las alegrías
De mi infancia inocente una por una...
¡Edad risueña de mejores días!
¡Horas pasadas de mejor fortuna!
Retroceder hasta mi humilde cuna!

Guatemala.–1884.

TODOS SE AMAN

Ese dulce rumor que se levanta,
Ese suspiro que incesante vuela,
Que ríe y que solloza,
Pero que siempre apasionado canta,
¿Sabes lo que revela?
¡El beso universal!... ¡Poema sublime
De todos los placeres!
¡Suprema adoración que se tributan
Con inefable amor todos los seres!...

Por eso, acaso, los dolores calma;
Por eso nos consuela;
Y allá en el sentimiento,
Ese cielo infinito de nuestra alma,
Alegre y melancólico ríe!...

En los jardines, al nacer el día,
Yo contemplo las gotas de rocío
Sobre el cáliz esbelto de las flores,
Como huellas de nítida ambrosía
De los húmedos labios de la aurora,
Al beso matinal de sus amores.

El perfume y las auras se acarician,
Y en todas partes el olor derraman:
Los céfiros, las hojas,
Las fuentes y los bosques
Suspiran y se besan…

¡Se besan sin cesar porque se aman!

Flota en el éter la argentada luna…
¡Lágrima de la noche
Que del mundo el dolor tal vez refleja!
Y la luz que se vierte de su broche
Besa el lirio gentil de la laguna
Con toda la ternura de una queja.

La brisa de los campos
Allá en el valle besa enamorada
La frente de esmeralda del otero;
El pálido lucero
Melancólico besa la cascada,
Las aves, los insectos;
Los astros luminosos
Que acordes rueden por la azul esfera,
Se llaman y se buscan y se atraen,
Se besan amorosos,
Como se besa la creación entera.

Sólo tú, mi María,
¡Castísima mujer por quien aliento!
Tú que en el cielo de mi amor fulguras,
Como el astro del día
En el límpido azul del firmamento,
Sólo tú dejas que te adore en vano;
Tú nunca escuchas mi amoroso acento…
Y así cual veo en tempestuoso océano
Que arrebata la frágil navecilla,
Mis quejas, ¡ay!, las arrebata el viento.

EN LA MUERTE DE MI PADRE

¡Murió por fin! El misterioso espíritu
Se desprendió fugaz de la materia,
Rayo brillante que tocó la vida
Para alumbrar un rato su existencia

Y volar presuroso a confundirse
Eternamente con la luz primera.

¡Murió por fin! Sus venerados restos
Sepultos yacen en la madre tierra;
Y nada el mundo de su vida guarda;
Y nada al mundo de su vida queda;
Pero vive una esposa que le llora,
Que junto con sus hijos le recuerda,
Y fijas sus miradas en el cielo,
Una plegaria sin cesar elevan,
Mientras guarda su imagen la memoria
Y tras el alma el pensamiento vuela.

GRACIAS

A la señorita...
¡Era de noche! Mi cerebro ardía,
Apacible solaz buscando en vano
En las páginas dulces que leía...
De pronto, en el silencio, una armonía
Se escapó, quejumbrosa, de tu piano.

En ese instante que llamó a mi oído,
Sentí en el corazón profunda calma:
¡Era un instante de completo olvido!
Que ese suave aleteo siempre ha sido
Medicina eficaz para mi alma.

Yo no puedo rogarte que otras veces
Suspendas mi dolor por un segundo,
¡Sería caridad pedir con creces!
Si he de apurar la copa hasta las heces,
Que haya un cadáver más, ¿qué importa al mundo?

Tegucigalpa, 1886.

EN EL ÁLBUM DE OTILIA

Era un jardín. Como ninguna hermosa,
Por su gracia, perfumes y colores,
Se levanta gentil temprana rosa
Sobre las otras flores.

Todos los seres que el pensil visitan
Admíranla con frase lisonjera,
Y ni un instante su mirada quitan
De la flor hechicera.

La mariposa, con sus alas de oro,
Abate en ella su constante vuelo,
Creyendo no encontrar mejor tesoro
Bajo el azul del cielo.

Las abejas, volando en torno de ella,
En libar de su miel como que dudan;
Y al pasar ante esa flor tan bella
Las aves la saludan.

En el mismo jardín donde esa rosa
Sobre talle gentil se ve sujeta,
Oculta en el follaje, pudorosa,
Crecía una violeta.

A veces, al nacer la blanca aurora,
Su virginal corola aparecía,
Y al beso de su lumbre bienhechora
Dulcemente sonreía.
Nunca la abeja o mariposa inquieta
Puso en ella atención cuando pasaba;
Y al revés de la rosa, la violeta
Más y más se ocultaba.

Ignorada la humilde florecilla
Vivía siempre en soledad dichosa;
Y al reclamo al oír de la avecilla
Temblaba ruborosa.

Ambas flores dichosas se creían,
Y tranquilas la vida disfrutaban;
En sueños con su dicha sonreían,
Y soñando gozaban.

De pronto esa existencia, en su sosiego,
En la rosa cumplió su eterno sino:
Que el rudo vendaval arrolló luego
Su capullo divino.

En la tierra sus pétalos cayeron,
Y en alfombra del suelo se tornaron;
Y los mismos que culto le rindieron
Sus pétalos hollaron.

Al soplo rudo de aquilón bravío
La esbelta rosa sucumbió infelice;
Mas la violeta, en su follaje umbrío,
Sonríe aún, felice.

Tu álbum es un jardín. En cada hoja
Verás crecer, exuberante y bella,
La hermosa flor que el aquilón deshoja
Y que la planta huella.

También encontrarás... allá escondida
Alguna pobre flor, humilde y sola,
Perfumando las sombras donde anida
Su fragante corola.

Aquella es la lisonja que te alaba,
Y esta, la amistad que te prefiere.
La rosa, Otilia, con el viento acaba:
¡La violeta no muere!

MANUEL MOLINA VIJIL

Nació en Tegucigalpa el 25 de octubre de 1853. En esa ciudad se suicidó el 9 de marzo de 1883. Hijo de Pedro Vijil y Arcadia Molina. Se graduó en Medicina en 1877. Fue catedrático de la Universidad Central. Fue parte de la segunda generación de poetas hondureños. Tenía treinta años cuando murió.

A MI MADRE

¡Ay! yo, distante de mi patrio suelo,
Sus auras perfumadas no respiro,
Y en la estrecha extensión de mi retiro
Evoco los recuerdos con afán;
Ya no derramo el llanto que me exige
Este país de compasión ajeno,
Mas como gotas de letal veneno
Aquí en mi corazón cayendo van.

Aquí no encuentro un ser que compasivo
Del desgraciado se apellide hermano;
Aquí un alivio se pretende en vano,
Y los consuelos irrisiones son.
¡Injusta sociedad! Visteis mi llanto
Y me arrojasteis la anatema encima;
La carcajada vuestra me lastima
Y me arranca la fe del corazón.

Mas tú, madre infeliz, que por mí lloras
Allá en tu triste soledad oscura,
Tú puedes comprender mi desventura
Y medir la extensión de mi dolor;
Tu recuerdo sagrado presta aliento
A mi ánima doliente y desolada
Para llegar al fin de la jornada,
Donde me aguarda tu infinito amor.

Pero no sufras más... Enjuga el llanto
Que en tus párpados arde noche y día;
No olvides que hay un Dios; en él confía,
Que a tu seno ese Dios me llevará;
Y nada entonces bastará a arrancarme
De tus amantes brazos ni un momento;
Y si derramo el llanto del contento,
Ese llanto tu mano enjugará.

¡Qué fuera sin tu amor del hijo tuyo
En medio del océano de la vida,
Luchando con esa ola embravecida
Que sin razón se llama sociedad?
¡Ay! sin tu amor, tal vez pasado hubiera
De la senda del bien a la del crimen,
Y cuantos ora a su placer me oprimen
Mañana buscarían mi amistad.

Pero prefiero, abandonado y solo
Y lejos de tu lado, madre mía,
Imitar tu virtud, mi único guía,
Y sentir siempre la conciencia en paz,
A encontrarme rodeado de ventura,
De honores, de placeres... mas sin calma,
Llena de vicios esconder un alma
Tras la risueña, engañadora faz.

Si acaso te ofendí, cuando era niño,
De mi imprevisto error heme contrito;
Joven aún, consejos necesito,
Y de tu amparo y protección también.
¡Bendíceme y perdóname! Soy tu hijo,
Pedazo de tu ser, ídolo tuyo;
Tú has sido mi ambición, eres mi orgullo,
Tú, mi esperanza y verdadero bien.

Guatemala: 1873.

TEMOR

—Temo que, desoyendo mi plegaria,
Me robe tu cariño otra beldad...
—¡Oh! no temas, mi dulce pasionaria,
Que es breve ante mi amor la eternidad.

EL BESO

Un beso es la expresión más elocuente
De un corazón ajeno a los agravios,
Es la emoción vivísima y ardiente
De dos almas que se unen tiernamente
En el límite estrecho de dos labios.

ÚLTIMA VEZ

A...

Te llamo con el título más dulce, ídolo mío,
Y responder no quieres al grito de mi amor;
Está desierta tu alma, tu corazón vacío,
El goce del afecto conviertes en hastío,
Y esquivas mi presencia, burlando mi dolor.

Yo tengo por testigos de los acentos bellos
Que al pie de tu ventana te oyera murmurar,
Del astro de la noche los pálidos destellos,
Un rizo que tu mano me dio de tus cabellos
Cuando me amabas mucho, cuando supiste amar.

En vano te pregunto por qué tus dulces ojos
Apartas de los míos, vedándome su luz;
En vano te pregunto por qué tantos enojos,
Por qué mis flores bellas conviertes en abrojos
Y vistes mi esperanza de lóbrego capuz.

Tal vez disculpar quieres tu fría indiferencia
Diciendo que engañada creíste en la pasión,
Diciendo que del sueño feliz de la inocencia
Mi mano te sacara con bárbara insolencia,
Dejando envenenado tu tierno corazón.

¡Oh, no, dulce amor mío! De norma la pureza
Sirvióme en los momentos de exaltación febril;
Y cuando sobre el seno tenía tu cabeza,

Un ángel custodiaba tu cándida belleza,
Cubriendo con sus alas las flores de tu abril.

El Dios que ora consuela mi lánguido abandono
Te dice que te amaba, que te adoraba bien;
Que no soy el primero que tuvo en tu alma un trono;
Que no soy el primero que sufro y que perdono;
Que ya otro que engañaste te perdonó también.

Tú todo lo olvidaste; yo vivo en mis retiros
Trayendo a mis recuerdos el tiempo que se fue;
El tiempo en que del aura me enviabas en los giros
Palabras y promesas, sollozos y suspiros
Que siento aún palpitantes, que nunca olvidaré.

Si en un jardín penetro, y en dulce arrobamiento
Contemplo el casto broche de la naciente flor,
 Oculta entre sus hojas te finge el pensamiento,
Mezclado en sus aromas la aroma de tu aliento,
Que unidas se desprenden en húmedo vapor.

Te busco, quiero verte... ¡mas ¡ay! todo es en vano!
Ya sé que para siempre abandonado estoy;
Por eso como un mártir en el dolor ufano,
Y puesta sobre el pecho con inquietud la mano,
Mi tierna despedida con lágrimas te doy...

POESÍA

Recitada por su autor en el baile dedicado al Doctor Marco A. Soto
el 6 de febrero de 1881

I
Bella, magnífica, inquieta,
Llena de dulce candor,
En esta hermosa glorieta
Está en presencia del poeta
La sibila del amor.

Dulces palabras murmura
Con plácida dignidad;
Y con su mirada pura
Derrama en mi ánima oscura
Torrentes de claridad.

Con sus sonrisas me halaga,
Me llena de inspiración;
Y con su armonía vaga
Me pide que satisfaga
La deuda de un corazón.

Del de Honduras, patria mía,
Que en su contienda infeliz,
Con inaudita porfía,
Para insultar su agonía
Rasgaban su cicatriz.

No bastaba el desconsuelo
De su eterno padecer,
Y la hicieron en su duelo
Posar la frente en el suelo
Y sus cadenas lamer.

¡Débil cordero rendido
En las garras del león,
Que al dar su postrer balido
Halló en su sangre teñido
Su inmaculado vellón!

II

Los seres desde la cuna
Todos tienen variación:
Muda de fases la luna,
De caprichos la fortuna,
Los pueblos de condición.

Así Honduras, sumergida
En su negra adversidad,
Al descender desvalida,
Como Genio le dais vida,
Como Hombre su libertad.

Vos de su faz hechicera
Habéis borrado el capuz,
Y con constancia sincera,
Aquí y allá y por doquiera,
Borráis la sombra y dais luz.

Con vuestras obras altivas
Vais orlando la ciudad,
De líneas de Morse activas,
Imprentas, locomotivas,
Y asilos de caridad.

Del siglo décimo nono
Nos brindáis la comunión;
Y dejáis que en nuestro abono
Alce la ciencia su trono,
La industria su pabellón.

III
Todo un pueblo con orgullo
Sus destinos os fió ayer;
Hoy a su plácido arrullo
Sentís el grato murmullo
De su infinito placer.

De sus costumbres rehacias
Sólo queda el ataúd.
Pasaron nuestras desgracias;
¡Por ello os damos las gracias,
Brindando a vuestra salud!

A MARCO AURELIO SOTO

(EL 27 DE AGOSTO DE 1881).

Del Cisne del mar vecino
Aún se percibe el arrullo;
Pero nos falta el murmullo
Del Ruiseñor Guatelino.
Éste con su arpado trino
Es de la dicha el cantor,
Mártir aquél del dolor,
Siente que el seno le hieren
Las esperanzas que mueren
Nadando en olas de amor.

En feliz arrobamiento
Contempla mi ánima oscura
Reunida aquí la hermosura
Y aquí reunido el talento.
Aquélla, del sentimiento
Los gratos fulgores toma,
Entre sus labios asoma
La dulce miel del cariño,
Y tiene el alma de armiño
Y el corazón de paloma.

En sagrada comunión
Están en este momento
La idea y el sentimiento,
El alma y el corazón...
Palpita aquí de emoción
Risueña la sociedad;
Hay algo de inmensidad
Que en nuestras frentes fulgura:
Es la luz vívida y pura
Del Sol de la Libertad.

De la flor en la ambrosía,
Del ave en el dulce canto,
En el estrellado manto
Y en el luminar del día,
No encuentro tanta poesía,
Ni alientan mi inspiración,
Como la dulce expresión
De un pueblo que victorea
La libertad de la idea,
La independencia de acción.

Ayer con dolor profundo
La patria se estremecía
Y sus cadenas lamía
Esclava del Viejo Mundo.
Fue libre;... mas infecundo
Fue su aliento soberano,
Pues cuando había su mano
Deshecho ya el regio escollo,
Pasó a meretriz del criollo
La esclava del castellano.

¡Ay, Honduras! Tu alba luz
Velaba un denso sudario;
Inmenso fue tu calvario
Y muy pesada tu cruz.
De tu noche entre el capuz
Devorabas tu dolor;
Pero de Soto el amor,
De Soto la inteligencia,
La fe de Soto y su ciencia
Te han elevado al Tabor...

¡Gracias, Soto! Satisfecho
Deja a Dios tu sacrificio;
Tú eres de la ley solsticio
Y fuerte imán del derecho.
En cada hondureño pecho
Tú tienes un pedestal;

En la tribuna social
Siempre triunfante apareces,
Y hoy, como ayer, nuestras preces
Te damos, genio inmortal.

A...

Una tarde de junio, cariñosa,
Queriendo disipar tú mi tristeza,
Me llevaste a un jardín; y allí, callada,
Me obsequiaste una flor, de amor emblema.
Yo de tu mano la pasé a mi seno
Para embriagarme en su vital esencia,
Para enjugar del corazón el llanto
Y para dar a mis dolores tregua.
¡Ay! yo sentía en esa hermosa tarde
Cuánta amargura el universo encierra;
Tenía el alma de sufrir cansada,
Y me faltaba para tanto fuerza.
Tú, viendo mi aflicción, te estremecías,
Se agitaba en tu pecho igual tormenta;
Y aunque sereno tu semblante estaba,
Tu corazón gemía con tristeza...

Yo iba a alejarme de tu dulce lado,
Iba a perder la luz de tu presencia,
Brindando como premio a tu cariño
Cuantos dolores la distancia crea.

Por eso en tal momento, enternecido
Y lleno de pasión y de pureza,
Tomé otra flor que en el jardín había,
Y te la di cual de constancia emblema.
¿Recuerdas que yo entonces te decía:
Esta modesta flor que ahora me obsequias
Irá conmigo adondequier que vaya,
Cual de tu afecto inmaculada prenda?
Tú también me decías otro tanto;

Mas debido a tu fría indiferencia
Ya se borró de tu memoria débil,
Y ni un recuerdo de mi amor te queda.
¡Ay! con justicia el corazón temblaba,
Presintiendo los daños de la ausencia.
¿Para qué te hizo Dios tan seductora,
Tan llena de atractivos y tan bella?
¿Por qué te presentaste en mi camino,
Haciéndome olvidar cuanto viniera
Como recuerdo a atormentar el alma,
Como esperanza a iluminar la idea?
O en ese instante que jamás olvido,
¿Por qué no tuve el corazón de piedra?
Ni pude resistir: tú vales mucho,
¡Es mucho tu poder, mucha tu fuerza!
¡Te amé con un amor inconcebible,
Con el amor del cielo y de la tierra,
Y te amo todavía, aunque insensible
A mi amargura y a mi llanto seas!

Yo no puedo olvidarte, aunque lo ansíe,
Aunque tú misma con afán lo quieras,
Porque fijas están en mi memoria
Tu imagen, tus palabras, tus promesas.
No me exijas, por Dios, el imposible
De querer que te arranque de mi idea:
Antes arrancaría hecho pedazos
Mi pobre corazón, ¡víctima eterna!

A MARÍA

Nada me impide contemplar, María,
En mis horas de amor la simpatía
Que Dios pusiera en tu inocente faz;
Y nadie puede en mi aparente calma
Adivinar la tempestad del alma,
Ni de mi pecho el insondable afán.

Yo siempre he sonreído en tu presencia,
Temiendo sorprendieras la violencia
De este fuego del alma, abrasador;
Y he disfrazado en nota indiferente
La queja melancólica y doliente
Que trémula en el labio vaciló.

Yo combatí con el primer latido
Que dio mi corazón estremecido
Al presentir tu celestial poder;
Y quise hundir mi pensamiento inquieto
Con las grandezas del dolor secreto
En las tinieblas de la muerta fe.

Quizás tú al fin lo has comprendido todo;
Mas ya sin esperar, te hablo de modo
Que dudarás al fin de la verdad;
Y pensarás, como pensaste un día,
Que aquello que juzgaste idolatría
Era sólo un exceso de amistad.

Ya ves que en este amor con que batallo
Hasta mi humilde nombre yo te callo,
No sé si por prudencia o por deber;
Y que al firmar la página que escribo,
Por ocultarte mi dolor, recibo
Un nombre que jamás mío lo fue.[3]

Y te amo, sí; te adoro con delirio,
Como amaban un tiempo su martirio
Los seres predilectos del Señor;
Mas ellos siempre en su dolor postrero
Tenían que esperar!... Yo nada espero,
Y te amo con el mismo corazón!

Yo, solitario en la nocturna calma,
Iluminada por la luz del alma,

---

[3] (Esta composición y otras del autor se publicaron con el seudónimo "ARIEL").

Contemplando tu imagen soy feliz;
Y en el éxtasis puro de la idea
Parece que piadosa se recrea
En hacerme de gloria sonreír.

Si de la fiesta en el acorde ruido
Llega tu dulce acento hasta mi oído,
Me siento de pasión estremecer;
Y coloco mi mano sobre el pecho
Para impedir que el corazón deshecho
Estalle en tu presencia de placer.

Tú me evocas a veces un recuerdo,
Una historia de amor, en que me pierdo
Cual se pierde el rocío sobre el mar;
Y me acusas de ingrato y de variable
Cuando tú, ¡Dios lo sabe!, eres culpable
De esta fiebre del alma, de este afán.

¡Yo no puedo olvidarte... ni perderte!
Mil veces lo he intentado; pero al verte
Volviste a inflamar mi corazón;
Pero nunca sabrás lo que hoy ignoras,
Y si algún día de ternura lloras,
¡Olvídate del mundo y llama a Dios!

1880

A HONDURAS

(EN LA INAUGURACIÓN DE LA BIBLIOTECA NACIONAL EL 27 DE AGOSTO DE 1880).

Bajo un cielo de colores,
Mísera, inmóvil, tendida,
Una virgen desvalida
Yace en su lecho de flores.
Sobre su faz los dolores

Grabaron todas sus huellas;
Ya no se oyen las querellas
Que al cielo elevara un día,
Porque en su cruel agonía
El mundo burlóse de ellas.

Vuelve los ojos atrás
Y ve su pasada gloria
Como un borrón de la historia,
Como un lunar en su faz;
Sobre su frente: "Jamás",
Dejó el infortunio escrito;
Jamás el día bendito
De salvación llegar debe,
Porque su ventura es leve
Y su dolor infinito.

A pesar del sufrimiento
Todavía es tan hermosa,
Cual lo es un botón de rosa
Por mucho que lo aje el viento.
Con varonil ardimiento
Buscando va su razón
La luz de la redención;
Y aunque sus miembros, cansados,
Conserva santificados
El alma y el corazón.

Sus manos atan cadenas,
Sus plantas con grillos siente,
Y lleva sobre su frente
Espinas por azucenas.
Sus mejillas están llenas
De polvo, sombra y quebranto;
Está en jirones su manto,
Y por su rostro desliza
Una furtiva sonrisa
Con una gota de llanto.

Sus verdugos han querido
Sacrificar su inocencia,
Despedazar su existencia
Y dar su nombre al olvido.
Por un error han creído
No verla triunfante más;
Llegaron su marcha audaz
Con traición a dejar trunca,
Pero a envilecerla, nunca,
Ni a darle muerte, jamás.

Mas de ese lecho de flores
Donde la mártir descansa,
No aleja, no, la esperanza
Sus plácidos resplandores...
¿Quién es la virgen de amores
Que sacrificando están
Con imperturbable afán?
Es la Libertad hermosa,
Y el lecho donde reposa,
La cuna de Morazán.

Dos genios con piedad miran
Las penas que la devoran;
Miran su pasado y lloran,
Ven su presente y suspiran.
Enternecidos aspiran
A darle gloriosa palma;
Hacen un voto en el alma,
Y a Dios teniendo en su abono,
Le ofrecen un nuevo trono
Y le devuelven la calma.

¡Cuál la presentan rodeada
De su esplendor soberano,
Con una oliva en la mano
Y de laurel coronada!
Dirigiendo la mirada
(Ayer miradas mendigas)

Hacia esas selvas amigas,
Y convirtiendo los setos
En montañas de cafetos
Y de doradas espigas.

Hoy pléyade luminosa,
Con fe acrisolada y suma,
Hace palpitar la pluma
Y la tribuna escabrosa.
Su palabra poderosa
Disipa la oscuridad,
Y a la luz de la verdad
Hace que adorada sea
Del siglo la gran idea:
La ley de la humanidad.

¡Mirad un acto en su abono!
En este mismo recinto,
Plácido, bello y distinto,
Minerva erige su trono.
Aquí la ley del encono
Ante la justicia abdica;
Aquí la Patria publica
Sus sabias y justas leyes,
Y a las hondureñas greyes
Las rutas del bien indica.

Vosotras, matronas santas,
Que en vuestros castos hogares
Eleváis vuestros cantares
De lo infinito a las plantas;
A quienes dio penas tantas
La culpable indiferencia
De ayer a la descendencia,
¡Mirad! con dulce embeleso
Los patriarcas del progreso
Dan pan a la inteligencia.

¡Modestas flores! Doncellas,
De gracia y candor modelo,
Que habéis en el alma un cielo
Y en vuestros ojos estrellas;
Fabricad guirnaldas bellas
De mirtos, rosas, claveles,
Alelíes y laureles,
Y con ternura y bondad,
Las graves sienes ornad
De vuestros guardianes fieles.

A vosotros, albas puras,
Progenitores del bien,
Que convirtiendo en Edén
Vais al desierto de Honduras;
Los sabios, las hermosuras
Y el pobre artesano ignoto,
Desde el confín más remoto,
Mirando su beneficio
Y vuestro gran sacrificio,
Os dan de gracias un voto.

¡ADIOS!

Dios en su seno con bondad recibe
De la tarde, al morir, su último aliento,
Y toma como luto el firmamento
La densa obscuridad.
El ave de la noche deja el nido
Y cruza los espacios solitaria,
Y la virgen eleva su plegaria
Allá en la soledad.

Así también el sol de mi alegría,
El horizonte del dolor esconde,
Y nadie, nadie a mi clamor responde;
Sólo me escucha Dios.
Como el ave nocturna, el pensamiento

Recorre los abismos del quebranto;
Y bautizo con gotas de mi llanto
Mi postrimer adiós.

Mas ¡ay! no sufro solo; también sufre
Y en su aposento, inconsolable llora
Una blanca paloma que me adora,
Una modesta flor;
Eres tú, que presientes la amargura
Que en los suspiros de un adiós se encierra;
Eres tú, que desciendes a la tierra,
Del cielo del amor.

¡Cuántas veces el jugo de una lágrima
La sed de nuestras almas satisfizo,
Y cuántas en un rapto, de improviso
Subimos al edén!
Nuestro goce era inmenso; nada, nada
Llegaba a interrumpir nuestra ventura:
Si aumentaba mi afecto, tu ternura
Aumentaba también.

¿Recuerdas que en tu seno, reclinado,
Rizabas con tu aliento mis cabellos,
Y fijabas en mí tus ojos bellos,
Sin moverlos jamás?
Yo recuerdo que en premio a tus caricias
Besaba tus mejillas candorosas,
Y que el rubor sus encendidas rosas
Arrojaba a tu faz.

Todo está en tu memoria y en la mía;
Ni un punto del pasado hemos perdido;
De nuestros corazones el latido
Nos habla en alta voz.
Nos lo recuerda la primer aurora,
Cuando el rayo del sol apenas arde,
El aura de los campos por la tarde,
Y por la noche, Dios.

Ya que naciste bella y tan hermosa,
Tan llena de candor, tan tierna y pura,
¿Por qué diste cabida a la ternura?
¿Quién te obligaba, quién?
¿Por qué, cuando a tus plantas puse un día
La primer flor del corazón herido,
No arrojaste esa flor en el olvido
Y mi nombre también?

Pero me amaste mucho... Por el cielo
Estaba destinado a los dolores...
De nuestro amor las delicadas flores
En breve morirán.
¿Morir? ¡Oh, nunca, no! Con la distancia
Más bellas crecerán, más hechiceras,
Como crece el azul de las praderas
Cuando lejos están.

Al fin nos separamos... El destino
Amarga con crueldad nuestra existencia,
No respeta tu fe, ni tu inocencia,
Ni el amor de los dos.
Cual gozamos ayer, hoy padecemos;
Mas ¿qué importa nuestro hondo desconsuelo
Si la esperanza nos promete un cielo
Para después?... ¡Adiós!

Guatemala.

¡SUFRO POR ELLA!

¡Estaba tan hermosa! La vi un día
Del río de mi patria en las riberas,
Rivalizando con las flores todas
En perfumes, en gracia y gentileza.

El suave resplandor de su mirada
Eclipsaba el fulgor de las estrellas;

Y caía en sus hombros, con descuido,
Revuelta en ondas mil su cabellera.

La oí decir adiós; esa palabra
Siento que aún en mi interior resuena,
Y desde entonces, en el alma mía
Quedó su imagen para siempre impresa.

¿La amo? No sé; del corazón amante
La única fibra que vibrar pudiera
Está por el dolor adormecida,
Y quizá nunca para amar despierta.

No sé lo que pensar; pero la busco
Con tan profunda fe, con fe tan ciega,
Que la he de hallar en mi fatal camino,
Porque, bien sabe Dios... ¡sufro por ella!...

¿Y así quiero callar? ¿Así mi labio
Del corazón los sentimientos niega,
Cuando mis ojos, de llorar marchitos,
Todo el secreto de mi amor revelan?

¿Qué dije, pues? ¿Qué inerte, adormecido
Estaba el corazón?... ¡Vana creencia!
¡El fuego santo del amor me abrasa!
¡No la puedo olvidar! ¡Sufro por ella!

ELLA

¡Ella es un ángel! En su casto seno
Se anidan la pureza y la ventura,
Y de su labio, de sonrisas lleno,
Brota la miel que el corazón apura.

El dulce acento de sus labios rojos
Revela siempre su inocente calma;
Y con los rayos de sus negros ojos

Llena de luz la inmensidad del alma.

Su corazón, a la piedad nacido,
Es al delirio del amor extraño;
Y en sus párpados leves no ha sentido
Las lágrimas temblar del desengaño.

Su pensamiento, brillador, fecundo,
Sigue del bien la luminosa huella;
No tiene nada que pedir al mundo,
El mundo mucho que envidiar de ella.

De su alma pura, en el santuario esconde
Los sentimientos de la fe cristiana,
Y así, avanzando sin saber a dónde,
Nada ambiciona de la gloria humana.

Es su universo la feliz morada
Donde tranquila y satisfecha vive,
Donde, llenando su misión sagrada,
De todo un Dios la bendición recibe.

¡Siento que la amo! Pero, débil hombre,
No puedo ya con mi dolor a solas,
Cuando se agitan murmurando un nombre
Del sentimiento las inquietas olas.

¡Oh, la amo, sí! Lo sé porque he sentido
Temblar mi corazón en su presencia,
El alma concentrarse en un latido
Y el ser purificarse en su inocencia.

Tal vez un día, de mi fiel ternura
Llegue el secreto a sorprender callada,
Cuando en su frente inmaculada y pura
Fije la luz de mi postrera mirada.

TÚ

Eres la misma que buscado había
En mis horas de llanto y de agonía,
En mis noches de insomnio y de dolor;
La misma, siempre pura, siempre bella,
Como el rayo apacible de una estrella,
Como el casto perfume de una flor.

En tus ojos el alma estremecida
Bebió el fuego sagrado de la vida,
Poblando de ilusión la soledad;
Y fue tu imagen la vestal hermosa,
La pira que alumbraba silenciosa
Su lóbrego santuario, la deidad.

Tú tienes en favor de tu ventura
La paz de la inocencia, la hermosura
Y la casta sonrisa del placer;
El incienso del mundo y su perfume
Ante tus bellas plantas se consume...
¡Más pareces un ángel que mujer!

Eres joven aún. Tal vez ignoras
Que hay en la vida prolongadas horas
De duelo, de infortunio, de aflicción;
Que, desoído el amoroso ruego,
Cada "¡ay!" es una lágrima de fuego
Que nos viene a quemar el corazón.

¿Para qué revelarte lo sufrido
Si no debes saber lo que he sentido,
Lo mucho que he sentido y siento aún?
¿Para qué es arrancarte de tus sueños,
Tranquilos, apacibles, halagüeños,
Poblados de armonías y de luz?

¡Oh, no! Nunca sabrás lo que padezco;
Por tu misma ventura te lo ofrezco;

No quiero que tú aprendas a llorar;
No quiero que, brindándome un consuelo,
Las refulgentes luces de tu cielo,
La nube del dolor vaya a eclipsar.

¡Ay! cuántas veces con afán vehemente
Luché por arrancarte de mi mente,
Por borrarte también de mi pasión;
¡Mas, ay! inútil fue, todo fue en vano,
Porque al contacto de tu dulce mano
Se inflamaba de amor mi corazón.

¿Mas para qué ocultarlo si lo sabes?
Si te lo estoy diciendo, si las llaves
Tienes tú del santuario de mi fe.
¿Para qué es engañarme y engañarte,
Diciendo que no debes formar parte
De este amor infeliz? ... Yo no lo sé.

Y te amo con delirio, te amo mucho:
Estando en tu presencia, tiemblo y lucho
Por ocultar al mundo mi dolor...
Me basta conocerte, amarte a solas,
Saber que tú lo sabes, y en las olas
De tu aliento vital, beber amor.

A...

Yo desperté tu ser a la ternura
Y cambié tus ensueños de ventura
Por los plácidos raptos del amor;
Yo te hice comprender que hay en la vida
Momentos en que el alma, enternecida,
Se abisma en los misterios del dolor.

Y tú eres una joven inocente
Que llevas, como el ángel, en la frente

De la pureza el resplandor feliz;
Con la ola embalsamada de tu aliento
Vivificas el mundo, y con tu acento
La armonía del cielo haces oír.

Dios sabe que te quiero y nos queremos,
Que un mismo pensamiento ambos tenemos,
Que es igual, muy igual, nuestra pasión;
Que yo vivo en tu ser; y que es mi mente
Santuario de tu luz resplandeciente,
Y cáliz de tu amor mi corazón.

¡Cuántas veces en alas de la brisa
Te envío una palabra, una sonrisa,
Un suspiro, una lágrima también!
¡Y cuántas tú me envías en sus giros
Palabras y promesas y suspiros
Y el jugo de tus lágrimas tal vez!

Yo sé que apreciar sabes cuanto escondo
De ternura y cariño en lo más hondo
De este pecho infeliz, vacío ayer;
Que son míos tus raptos de ternura,
Tus ensueños de amor y de ventura,
Tu sonrisa de gloria y de placer.

¡Ay! Y con tanto amor no hemos podido
Sino muy levemente y al oído
Hablar de la esperanza de los dos;
Pero yo tu secreta simpatía
Conozco en tu mirada, tú en la mía
Conoces mi infinita adoración.

¡Cuántas veces, mirando tu hermosura,
Quisiera haber callado mi ternura,
Ahogando en el dolor mi corazón!
Mas tu belleza a tu bondad se hermana,
Y está ya el alma de tu amor ufana,
Y tú tranquila, y satisfecho yo.

¡DOLOR!

(En memoria del General Don Miguel García Granados Ex-
Presidente de la República de Guatemala).

El héroe muere; su fama, nunca.

Sagrada Musa de Sión
Que lloras sobre las ruinas,
Que en vez de flores, espinas
Circundan tu corazón;
Que en la santa redención
De la esclava humanidad
Llenabas la inmensidad
Con tus clamores de duelo,
Pide sus luces al cielo
Y alumbra mi oscuridad.

Quiero cantar como canta
El ruiseñor sus congojas;
Como su savia las hojas
Que el torbellino levanta;
Con esa nota que encanta
Al corazón afligido
Porque ve reproducido
En cada acento exhalado,
Un sentimiento sagrado
Allá en el alma esculpido.

Al de un pueblo, esclavo un día,
Después libre y soberano,
Mezclo mi dolor insano
Y mi honda melancolía;
Quiero traer de GARCÍA
Los hechos a la memoria,
Para que después la historia,
Imparcial, justa y severa,
No diga que HONDURAS fuera
Indiferente a su gloria.

Yo le conocí ya anciano;
Le conocí cuando había
La edad con su mano fría
Teñido el cabello en cano;
Cuando temblaba su mano
De una pluma con el peso;
Pero su vigor, ileso
El corazón aún guardaba,
Porque Dios le destinaba
Para apóstol del progreso.

Y al fin lo fue. En la tribuna
Sus derechos defendía;
Aquel héroe no temía
Armas, ley, fuerza ninguna.
Su palabra era oportuna,
Feliz y arrebatadora;
Y la idea brilladora
De paz y de independencia,
Sembraba en la inteligencia,
Su inteligencia creadora.

¡Cuántas veces dignamente,
De la opresión en presencia,
Al opresor con vehemencia
Apostrofó frente a frente!
Y audaz, sereno, elocuente,
Sin temer la tempestad
De la honda arbitrariedad,
Inspiró a la multitud
El odio a la esclavitud
Y amor a la libertad.

Más tarde… errante, proscrito,
Allá en los ajenos lares,
Sintió llegar sus pesares
Al dintel de lo infinito;
Desde allí lanzó su grito
Contra la vil opresión,

Y con firme corazón,
Con fe profunda y audacia,
De su patria en la desgracia,
Se lanzó a la redención.

Él, sin cuidar de sí mismo,
Con cuatro o seis compañeros,
Hizo frente a los aceros
Del servil oscurantismo;
Con denuedo y heroísmo
Y con clemencia notoria,
Fue en brazos de la victoria,
Hasta poner en la frente
De GUATEMALA naciente
La diadema de la gloria.

Todo un pueblo, de alegría,
De entusiasmo y de amor lleno,
Le recibía en su seno
Y el corazón le ofrecía;
De palmas mil le cubría;
Puso corona en su sien;
Porque, cual genio del bien,
Dejaba entonces abiertas,
Del pensamiento las puertas
Y del porvenir también.

Ya su energía enervada
Por su edad y la clemencia,
De la pública existencia
Pasó a la vida privada;
Pero dejó asegurada
En un varón de alma fuerte
De sus hermanos la suerte…
¡Seis años después… sentía
Sobre su frente sombría
El ósculo de la muerte!

¡Murió! porque morir debe
Cuanto el Universo encierra,
Desde el señor de la tierra
Hasta el infusorio leve.
Murió el héroe. Al hombre en breve
El cementerio le llama;
Pero no muere su fama,
Pues con respeto y con gloria
La guarda ilesa la Historia,
La eternidad la reclama.

¡Libertad! Reina del mundo,
Supremo dios de la vida,
Astro cuya luz querida
Vivifica lo infecundo.
Yo, con respeto profundo
Y dolorosa impresión,
Te doy desde este rincón
Donde tu magia percibo,
Mi saludo primitivo,
Mi duelo y mi corazón.

¡Has perdido al hijo amante;
Al hijo tuyo que fuera
En la batalla una fiera,
En la tribuna un gigante!
GUATEMALA, tú, arrogante,
Alzabas ayer la frente;
Hoy, bájala tristemente
Cubierta de amargo duelo,
Porque un astro de tu cielo
Se ha ocultado en Occidente.

¡Oh, gran GENERAL! Reposa
En tu morada postrera
Mientras la luz reverbera
De la libertad hermosa;
Pero si un día, orgullosa,
Levanta la tiranía

Su frente torva y sombría,
Deja tu dulce sosiego,
Y un rayo de ardiente fuego
Sobre su cabeza envía.

HONDURAS, porción querida
De la AMÉRICA DEL CENTRO,
Dulce patria donde encuentro
Amor, esperanza y vida;
Hoy, con el alma transida
De amargura y de quebranto,
Vengo a humedecer tu manto
De libre y de soberana,
Sobre el dolor de tu hermana,
¡Llorando mi triste canto!

LA LIBERTAD

Ama el inocente niño
Lo que comprender no sabe;
Su hermoso plumaje el ave
Y su blancura el armiño;
Ama con puro cariño
A su doncel la beldad;
La líquida inmensidad
El pez de brillante escama;
Sus perfecciones Dios ama
Y el hombre, la libertad.

Yo la vi desfalleciente,
Ante Dios puesta de hinojos,
Con lágrimas en los ojos,
Con espinas en la frente;
Encadenada y doliente,
Cubrir de luto su faz;
Y por un héroe falaz,

Por más de un apóstol falso,
Pasar del trono al cadalso...
¡Envilecida... jamás!

En su honda melancolía
Devora su pena a solas,
Como devoran las olas
El rayo del mediodía;
Ella en su misma agonía
Su santa misión pregona,
Y tiene cuando perdona,
Como sultana o cautiva,
Por todo cetro la oliva,
Un triángulo por corona.

De la América señora,
Es en Bolívar altiva;
En Washington, progresiva,
Como en Lincoln, redentora;
En Barrundia, pensadora;
En Larrazábal, afán
De alejarse del titán
Que le impusiera sus leyes;
Festiva en el Padre Reyes
Y mártir en Morazán.

Con su benéfica influencia
Regenera las naciones,
Deifica los corazones
Y alumbra la inteligencia.
En su bendita existencia
Va derramando gloriosa
Con Soto la paz hermosa,
Su inteligencia y su calma;
Sus armonías con Palma,
Sus pensamientos con Rosa.

Palpita aquí donde estamos
En este solemne instante,

Como palpitó triunfante
En el Domingo de Ramos.
La sentimos y la amamos
Con infinita ternura,
Como ama una virgen pura
En sus dorados ensueños,
Los pensamientos risueños
De su primera ventura.

Tuvo su aurora inmortal
Tras una noche de horrores,
Y llenó de resplandores
Esta América Central.
La patria alegre y jovial
Pobló de himnos el espacio;
El sol tuvo por topacio
En su corona de estrellas,
Por alfombra, flores bellas
Y el limpio azul por palacio.

Es tan pura como el cielo,
Como la mar, majestuosa;
Cándida como una rosa,
Sublime como el consuelo.
Vestida de blanco velo,
En donde imprime su planta,
Algo grande se levanta
De la humanidad en bien,
Como Jesús en Belén,
Y en Hungría, Isabel santa.

Ella inspira del poeta
Las sentidas armonías,
Y las dulces melodías
Del desgraciado profeta;
En Cuba, al solio sujeta,
Agobiada de dolores,
Como una mártir de amores,
De la noche entre el capuz,

Los cánticos de la cruz
Inspira a sus trovadores.

Aquí, cual madre querida,
En sus rodillas nos duerme;
Allá, cansada o inerme,
Arrastra una amarga vida;
De gloria aquí revestida,
Ventura y bien atesora;
Misericordia allá implora
Al peso de pena tanta;
Aquí con sus hijos canta,
Allá con esclavos llora.

Dolorosa diferencia
Que arranca llanto del alma!...
Y tú en el destierro, Palma,
En pos de la independencia.
Tú pasas ¡ay! la existencia
Como el pájaro perdido
Que busca en extraño nido,
De su cantar al arrullo,
El dulce calor del suyo
Por la inclemencia destruido.

Levanta al cielo las manos,
Ten en Dios los ojos fijos;
¡Mira cuál lloran tus hijos!
¡Ve cuál mueren tus hermanos!
Oye los ayes lejanos
Que en las alas de la brisa
Envía al mundo, sumisa,
Esa infeliz procelaria,
Que desmaya solitaria
Entre humo, sangre y ceniza.

¡Infeliz! En tu semblante
La sonrisa jugar veo;
¿En dónde está, Prometeo,

Tu corazón palpitante?
¿Qué se hizo tu fe constante?
¿Tus lágrimas qué se han hecho?
¿O sonríes a despecho
De tus eternos agravios,
Dando esa miel a tus labios
Mientras desgarras el pecho?

No, no; tu sonrisa es pura,
Expresiva, humilde, franca,
Cual la sonrisa que arranca
El genio de la ventura;
Tiene la misma dulzura
Hoy que de glorias te bañas,
Que ayer que en notas extrañas
Cantabas de corazón
La primera Exposición
De la Patria de Cabañas.

Allí Honduras te escuchaba
Con inefable alegría;
De víctores te cubría,
De aplausos te coronaba;
Allí tu rostro brillaba
Ya sonriente, ya sereno;
Y tu acento, de amor lleno,
Resonaba en ese día,
Del aura con la armonía,
Con la majestad del trueno.

Entonces, en el exceso
De tu ardiente inspiración,
Profetizabas la unión,
Santificando el progreso.
Dios te escuche y guarde ileso
De esta patria el alto honor;
Que ella al brindarte, cantor,

Su inmarcesible laurel,
Dos cosas te ofrece en él:
Su admiración y su amor.

¡Recógelo! Es merecido,
Y colócalo en tu seno;
Que endulce un poco el veneno
Que el español te ha ofrecido,
Para que un día querido,
De tu patria, a los fulgores
De su libertad, implores
Olvido de penas tantas,
Lo coloques a sus plantas
Como una ofrenda de amores.

Las gracias, las hermosuras
Que en este salón respiran,
Por medio de Soto miran
Brindarte su premio, Honduras.
Ellas, en sus almas puras,
Victorean tu laúd;
Y toda la multitud,
De tus avances testigo,
Viene a decirte conmigo:
¡Salud, mil veces salud!

15 de septiembre de 1879.

EN LA MUERTE DE MARÍA ENCARNACIÓN VALLE

Y la encontré tendida sobre el lecho,
Con los brazos cruzados sobre el pecho
Y la mirada inmóvil, fija en Dios;
Ya mustia, silenciosa, casi inerte,
Parecía la imagen de la muerte,
Momentos antes del postrer adiós.

En su semblante frío, macilento,
Había ya grabado el sufrimiento
Todas sus huellas desde tiempo atrás.
De los claveles de sus labios rojos
Quedaban solamente los despojos,
Se había el néctar extinguido ya.

En los contornos de sus ojos bellos,
Pugnando con sus últimos destellos,
Las sombras desplegaban su capuz.
Revelaba su voz desfallecida
Las últimas miserias de la vida,
De la muerte, la prima beatitud.

Su negra cabellera descuidada,
Tendida sobre el lino de la almohada,
Hacía resaltar su palidez:
Semejante a la pálida azucena
Del tallo desprendida, y en la arena
Agostada, del sol al rayo cruel.

Casi al sellar su página postrera,
Invocando a su Dios con fe sincera,
La vida en sus entrañas concentró.
Nada sentía del mundano ruido,
Ni estremecióse al paternal gemido,
Ni conmovióse al fraternal dolor.

Así, sumida en insensible calma,
Pactó con Dios su libertad el alma
Y de nuevo a la vida apareció,
Sólo de "Madre" a modular el nombre
Y a apostrofar la ingratitud del hombre
Porque entonces morir no le dejó...

Poco después... imperceptible y lento,
Convulso el labio balbuceó un acento
Y su cuerpo midió la horizontal.
Vistió su rostro de color sombrío,

Y dando al mundo su cadáver frío,
El ánima escaló la eternidad.

Si tú, mi amiga, cariñosa y buena,
Hubieses presenciado aquella escena
En toda su terrible majestad;
Si hubieses visto la imponente calma
Del sacerdote preparando el alma
Al festín de la vida espiritual;

Y al fúnebre clamor de la campana,
Allí reunida sociedad cristiana
Clamando por la víctima perdón;
Y de una madre desolada y mustia
La inmensidad de su terrible angustia,
La plenitud de su inmortal dolor;

Comprenderías hasta dónde pudo
Con hórrido placer, bárbaro y rudo,
El sufrimiento acibarar su hiel;
Conocerías... lo que siempre el cielo
Quiera vedar a tu amoroso anhelo,
Quiera alejar de tu encantado Edén.

Mas ¡ay! también de la amargura insana
Has tenido una parte, porque hermana
Era en tu amor la mártir infeliz.
También tu corazón vistió de luto,
Y paga con sus lágrimas tributo
Y siente lastimar su cicatriz.

Al derramar tu llanto en mi presencia
Bañó mi faz glacial indiferencia
Y no pude tu pena consolar:
Es que mi mente, a la impresión sujeta,
La mansedumbre del dolor respeta
Y devora en silencio su pesar.

A la Srta. Asunción Planas

261

A MARÍA

Me preguntaste ayer si conocía
Al autor de los cantos a María,
Al infelice bardo del dolor,
Trémula el alma, palpitante el seno;
Mas con el rostro de sonrisas lleno,
Te contesté sin vacilar que no.

¿Por qué me interrogabas de ese modo,
Cuando mis ansias, mis delirios, todo
Estaba adormeciéndose en mi sér?
Cuando tras largo batallar rendido
Quedaba el corazón desfallecido
Sobre el frío sudario de la fe?

¡Ah! tú no sabes hasta dónde alcanza
La garra del dolor, si la esperanza
Esquiva apaga su postrer fulgor;
Si al descender a disfrutar la calma
Vuelve a rugir la tempestad del alma,
Vuelve a incendiarse el corazón de amor.

Embriagada tal vez en tu ventura
Ignoras que hay momentos de amargura
En que filtra sus hieles la aflicción;
Y que al ardor de una abrasante idea,
Bárbaro el infortunio, se recrea
En hacer imposible la ilusión.

¿Para qué tanto amor, delirio tanto,
Si al presenciar tu seductor encanto
Debo en silencio sofocar mi afán;
Y si el destino que de ti me aleja
Me ha vedado el consuelo de la queja,
Me ha negado el alivio de llorar?

Y es infinita mi pasión sincera;
¡No te puedo olvidar, aunque lo quiera!

¡No te puedo del ánima borrar!
Tu imagen sacrosanta y bendecida,
Presidiendo los actos de mi vida,
Ni durmiendo me deja descansar.

Dime, María, si en tus dulces horas
De apacible solaz, o cuando lloras
Hay algo que se agita en tu interior;
Si plácida en tu mente candorosa
Se levanta una imagen silenciosa
Y te ofrece su miel una ilusión.

Di si tu seno conmovido late
Al escuchar los cánticos de un vate,
Al mirar unos ojos que te ven;
Si sientes una extraña complacencia
Que derrama una luz en tu inocencia,
¡O mártir eres de tu casta fe!

¡Y te pregunto! Y busco tu mirada
Cuando no puedes contestarme nada,
No sabiendo quién eres ni quién soy.
Pero es que mi razón se desvanece,
Y en algunos momentos me parece
Que de hablarte de mí se encarga Dios.

Una noche de invierno, en una fiesta,
Tranquila, pura, angelical, modesta
Y extraña siendo al general placer,
Llegué a tu lado, y con cariño santo
Me diste un parabién... María, ¡cuánto,
Cuánto daño me hiciste esa vez!

¡Cuánto menos sufriera si el destino
Me hubiese retirado del camino
Por donde en triunfo, inmaculada vas!
O si la muerte con su mano fría
Hubiese terminado mi agonía
Poniendo ante mi sér la eternidad...

LAS NIEBLAS DEL CORAZÓN

A mi amigo J. J. Palma

¡Oh, mi amigo! Yo en el fondo
Del corazón moribundo,
Por justo temor del mundo,
Mis sentimientos escondo;
Yo he luchado
Por olvidar mi pasado
Y evaporar de mi seno
Las gotas ¡ay! de veneno
Que, con fingido placer,
Mintiendo fe y simpatía,
Allí filtraran un día
Los labios de una mujer.

¡Cuánto crecía mi anhelo
Si al rayo de tibia estrella
Llegaba a mirar con ella
Los panoramas del cielo!

¡Cual creía
Que Dios mismo protegía,
Con su providencia santa,
Tal ventura, dicha tanta;
Y que, al mirarla sonriente
Y viéndome satisfecho,
Me daba un abrazo estrecho
Y me besaba en la frente!

En torno de su albo cuello
Mis brazos entrelazaba,
Mientras su aliento rizaba
Las hebras de mi cabello.
Con dulzura
Decía que la ventura
Nos brinda sus castas flores
En la edad de sus amores.

Yo recliné en su regazo;
Mas perturbó mi embeleso
La vibración de su beso,
La conmoción de su abrazo.

En sus labios seductores
Había miel y sonrisas,
Como perfumes y brisas
En el cáliz de las flores.
Satisfecho...
Puse mi mano en su pecho,
La suya sentí en el mío,
Y en tan feliz desvarío
Vi al astro de la ilusión,
Desde un cielo de ventura,
Disipar con su luz pura
Las nieblas del corazón.

Ella era una flor temprana
De perfumado capullo,
Abierta al primer arrullo
Del beso de la mañana.
Su inocencia
Era magnífica esencia
Y su mejor atavío;
Era gota de rocío
Oculta en su casto broche;
Y ella en sus ojos reunía
Las luces del mediodía,
Las sombras de medianoche.

Al fin su labio risueño
Negó a mi labio ambrosía;
Mas viene a mi fantasía
Hasta en las horas del sueño.
Y la miro,
Sin que ella exhale un suspiro,
Bella, apacible y sonriente;
Y ni siquiera presiente

Que puede llegarle a ser,
En un momento terrible,
Todo placer imposible,
Y muy pesado el deber.

¡Ya nada a fingir alcanza
Mi pobre mente sombría!
Ni vuela la fantasía
En alas de la esperanza.
No destella
En mi horizonte la estrella
A cuyos suaves fulgores
Se iluminaban las flores
De mi perdida inocencia;
Y sola queda en el alma,
De aquella tranquila calma,
La dulce reminiscencia.

Y tú que al festín me invitas
Del amor, di, ¿no te asombras
De ver en mi rostro sombras,
De oír de mis labios cuitas?
¿No te hieren,
Cuando en tus oídos mueren,
Los ayes del dolor mío,
Que entre suspiros te envío?
Tú no ves mi adversidad,
No comprendes mi quebranto,
Aunque te enseñe con llanto
¡Mi muerta felicidad!

¡Cuál se deshacen las almas
En lágrimas y congojas,
Si se marchitan las hojas
De nuestras triunfantes palmas!
Si se esconde,
Sin que sepamos en dónde,
Para aumentar los martirios,
El astro de los delirios.

¡Y si al velar nuestra gloria
El ser que olvidar le plugo,
Nos deja como verdugo
Su imagen en la memoria!

¡Si es muy triste a los que aman
Ver desde extraños hogares
Las sombras crepusculares
Que los recuerdos derraman,
¡Todavía
Siente más melancolía
El mísero adolescente,
Cuando de su hogar ausente,
Huérfano infeliz de padre,
Del mundo entre los excesos,
No le custodian los besos
Del corazón de una madre!

¡Y cuán dulces y sagrados
Son de la infancia los sueños,
Cuando los velan risueños
Los maternales cuidados!
¡Qué delicias
Derraman en sus caricias
Aquellos labios sedientos
De nuestros tibios alientos!
¡Y cómo en la mente fijos
Sentimos con dulce calma
Esos conciertos del alma
Con que adormecen los hijos!

Yo soy un cisne perdido
De un mar entre densas brumas,
A quien cortaron las plumas
Y destrozaron el nido;
Y que a solas,
Juguete vil de las olas,
A divisar ya no alcanza
Las playas de la esperanza;

Y que en el postrer afán
En que sus fuerzas se agotan,
Su cuerpo débil azotan
Las alas del huracán.

¡Ya el dolor cubre de hielo
Mi enérgica juventud,
Y aparta de mi laúd
Las melodías del cielo!
No me alienta
Ni esa ilusión que presenta,
A través de sus cristales,
Florestas, grutas, raudales...
¡Que en esta desolación,
Do mueren las ansias mías,
Más densas son y más frías
Las nieblas del corazón!

Tegucigalpa: 5 de diciembre de 1881.

DESEOS

A la Srita. Adela Collier

La flor de la ventura en tu albo seno
Derrame con placer su grata esencia,
Y cubra con sus alas tu inocencia
El ángel del Señor.
Del contento la plácida sonrisa
Constantemente entre tus labios juegue,
Y nunca en tu alma a aposentarse llegue
El genio del dolor.

Todas las gracias de tu ser, esclavas,
Vayan contigo a dondequier que fueres,
Y tesoros inmensos de placeres
Encuentres sin cesar;
De tu semblante angelical y bello

Nunca se apague el seductor encanto,
Y jamás una lágrima, el quebranto
Te obligue a derramar.

No llegue a sepultarse en el ocaso,
De tu felicidad el sol querido,
Dejando entre las sombras sumergido
Tu tierno corazón;
Ni un solo pensamiento de amargura
En tu ánima tranquila se levante,
Que arroje de improviso en tu semblante
Mortal consternación.

Cuando ante Dios unieres tu destino
Al destino del ser que esposo llames,
Que te ame tanto como tú le ames,
¡Que se adoren los dos!
Y cuando roto el hilo de tu vida,
Toda una eternidad esté delante,
Inmaculada el alma se levante
Hasta el seno de Dios.

EN UN BAILE

A la Srita. Dolores López

No sé si es blasfemar, pero yo creo
Que Dios de tus encantos se enamora,
Y que olvidado de los mundos vive
Contemplando tus gracias seductoras;

Yo sé que al darte vida sonreía,
Y que empeñó su omnipotencia toda
Para formarte cual ninguna, tierna,
Para formarte cual ninguna, hermosa.
Más pura que el azul del firmamento,
Más plácida que el rayo de la aurora,

Y aun más sensible que la humilde planta
Que "sensitiva" el Universo nombra.

Es poca la existencia para amarte,
La humanidad para adorarte es poca;
El hombre siempre al contemplarte sufre
Y al mismo tiempo en sus dolores goza;
Sufre al mirar la inmensidad que media
Entre él, insecto vil, y tú, paloma,
Cuánto puede sufrirse aquí en la tierra,
Cuánto puede gozarse allá en la gloria.

No vuelvas a los bailes,
No vuelvas, por favor,
Que allí se hace pedazos
Mi pobre corazón.

No vayas al paseo,
Ni al templo del Señor:
Tengo celos del mundo,
¡Tengo celos de Dios!

A J. J. PALMA

Sigue, mártir, tu camino;
Nada temas, ve adelante;
Al espíritu gigante
Jamás arredra el destino.
Hoy, cansado peregrino,
Bajo un cielo sin estrellas,
Vas recorriendo las huellas
Del dolor y del quebranto,
Y bautizando con llanto
Tus ilusiones más bellas.

Yo sé que como cubano,
Santificada y de hinojos,
Tienes el alma en los ojos

Y el corazón en la mano;
Sé que te agitas en vano
Por borrar de tu memoria
Esa dolorosa historia
De Cuba, la desgraciada,
Que busca, desventurada,
En sus martirios la gloria.

Tu pobre patria, esa ondina
Que tiene llanto por riego,
Prende en sus hijos el fuego
De la inspiración divina;
La sonrisa peregrina
En los labios seductores
De sus ángeles de amores,
En gracia y beldad rivales
Con las ninfas orientales,
Los céfiros y las flores.

Hoy con la amargura lidias
Y la proscripción te abate;
Yo te envidio como vate,
Tú como libre me envidias.
No temas hallar perfidias
En este pueblo pequeño,
En este nido risueño,
Do el extranjero es hermano,
Donde halló abierto el cubano
El corazón hondureño.

¡Ay! ¿Lloras? Contigo lloran
Cuantos respiran la vida
De la libertad querida,
Cuantos en el cielo moran.
Los que a tu patria devoran
Y con furor inaudito
Quieren hacer infinito
El martirio de esa flor,

Sobre un calvario bendito
Verán alzarse un Tabor.

Tú levantas hoy las manos
En actitud suplicante,
Porque miras palpitante
La sangre de tus hermanos.
Como tú, mil ciudadanos
Y cuantos aman el bien,
Apóstoles del Edén,
Sacerdotes de piedad,
Demandan la humanidad,
La independencia también.

Dios que mira el vasallaje
De esa paloma sin nido;
Que mira en sangre teñido
Su alabastrino plumaje;
Que entre las orlas de encaje
De un mar besando una cruz
Envía al mundo el Jesús
Que grita su corazón,
Le promete redención,
Vida nueva y nueva luz.

Entonces, para ese día,
Si estás de mi lado ausente,
Tendrás un templo en mi mente,
Mis brazos, si en compañía.
Compartirás tu alegría
Y tus placeres conmigo,
Como compartes, amigo,
Aquí do la frente inclinas,
Tu gran corona de espinas,
De tus dolores testigo.

A DOÑA CELESTINA DE SOTO

(Poesía recitada por su autor en un baile dedicado a dicha señora).

I

¡Y bien! De mi lira ignota
Que al dolor vibrara un día,
De fe, de amor, de alegría
Puedo arrancar una nota.
Quede ya la cuerda rota
Del amargo desencanto,
No se humedezca en el llanto
De los recuerdos de ayer,
Y deje a la mártir ver
El cielo tras el quebranto.

¡Modesta ninfa! Mirad
Con qué entusiasmo y ternura,
Con sonrisas la hermosura
Saluda a vuestra beldad.
Con candorosa humildad
Os brinda su corazón,
Y mira con emoción
Que en vuestra frente descansa,
Como el iris de la alianza,
Del cielo la bendición.

Yo encuentro en este festín
Torrentes mil de armonía;
Más luz que en el mediodía,
Más flores que en un jardín.
Aquí el mismo serafín
Con el arcángel se hermana;
Aquí de placer ufana
El ánima se estremece,
Y sus laureles ofrece
El bardo a su soberana.

Yo sé que habéis de ternura
Todo un tesoro en el alma;
Que del afecto la palma
Da sombra a vuestra ventura;
Que a vuestra rara hermosura
Superan los demás dones,
Pues vais en los corazones
Vertiendo con casto anhelo,
La viva luz del consuelo,
La miel de las ilusiones.

Tenéis luceros por ojos,
Do la modestia reposa;
Mejillas color de rosa
Y labios breves y rojos;
Jamás ni aun leves enojos
Vuestro semblante diseña,
Siempre apacible y risueña
El bien oponéis al mal,
Y servís de pedestal
A la esperanza hondureña.

II

De vuestro consorte en brazos
La fe popular descansa:
Él es el punto de alianza
De los sociales pedazos;
Él une con fuertes lazos
La dulce paz y el consuelo,
Y en su patriótico anhelo
Lleva sus obras tan alto,
Que puede llamarse un salto
De las tinieblas al cielo.

Nada temáis por su vida;
Dormid tranquila, señora:
De todas sus glorias cuida
La patria, robusto león.
En su obra de redención

No debe tener calvario,
Aunque intenten lo contrario
Las hidras de la ambición.

III

¡Oh, cómo! ¡Cuánto se goza
Si al grato son del laúd,
Despliega la juventud
Sus alas de mariposa!
¡Cómo despierta amorosa
La maga fiel del ensueño,
Y con su labio risueño
Murmura un nombre y señala
La perla de Guatemala
En el joyel hondureño!

¡Oh! ¡Cómo de hoy la memoria
Va a eternizarse en el alma!
¡Cómo de mirto y de palma
Va a coronarse la historia!
Aquí se siente la gloria
En cada palpitación.
A vos debe la ilusión
Poder agitar sus alas,
Las ninfas lucir sus galas
Y el bardo su inspiración.

Bajo otro cielo mejor
Encontraréis algún día,
Más goces, más alegría,
Pero nunca más amor.
El canto del ruiseñor
Os servirá de concierto;
Veréis un mundo cubierto
De pompa y gloria bien alta.
Pero siempre os harán falta
Las auras de este desierto.

Y se alza sacramentada
La diosa de la ventura.
Ella con su mano pura
Nos brinda su comunión;
Ella deja a la ilusión
Poner sus prismas en juego,
Y con sus labios de fuego
Besarnos el corazón.

Varios dignos caballeros
Ponen la lira en mi mano;
Yo en nombre de ellos, y ufano,
Vengo el festín a ofreceros;
En nombre de esos luceros,
La viva titilación;
De la hondureña Nación
La gratitud y la calma,
Y como flores del alma,
Del bardo la inspiración.

Septiembre de 1880.

276